Der inszenierte Garten

Chaumont-sur-Loire

Christian Brandstätter Verlag · Wien

Louisa Jones

Der inszenierte Garten

Chaumont-sur-Loire
Garten-Architektur und -Design der Zukunft

Mit 238 Abbildungen, davon 229 in Farbe

Für alle, die die
Wurzeln der Welt zur Erde pflegen.

Inhalt

Die Deutsche Bibliothek - CIP-Einheitsaufnahme
Ein Titelsatz für diese Publikation ist bei
Der Deutschen Bibliothek erhältlich.

1. Auflage

Lektorat & Produktion: Barbara Sternthal
Grafische Gestaltung: Karolina Prymaka
Druck und Bindung: C & C, China

Titel der englischen Originalausgabe:
Reinventing the Garden
Lektorat: Cecilia Rexworthy

Aus dem Englischen übersetzt von
Matthias Goldmann, Barbara Sternthal und Jeanne Szilit

ISBN 3-85498-285-2

Christian Brandstätter Verlagsgesellschaft m.b.H.
A-1010 Wien, Schwarzenbergstraße 5
Telephon (+43-1) 512 15 43-0
Fax (+43-1) 512 15 43-231
e-mail: cbv@oebv.co.at
Internet:www.brandstaetter-verlag.at

Das Gartenfestival von Chaumont gibt es seit elf Jahren.

Anfangs gab ich ihm nicht viel Chancen. Nachdem ich fünfzehn hektische Jahre lang komplizierte Ausstellungen für das Centre Pompidou organisiert hatte, war meine Begeisterung erschöpft. Mich eine Weile dem Gartenbau zu widmen, gefiel mir. Aus Paris herauszukommen, gefiel mir. Ich nahm an, dass es nur vorübergehend sei. Elf Jahre später sieht man das Ergebnis.

Natürlich schürte auch der Enthusiasmus anderer meinen Eifer: Jack Lang, in dieser Zeit Kulturminister, machte alles möglich; die französische Abteilung des Centre Pompidou stand mir von Anfang an zur Seite und trug viel bei; auch auf das Conseil Général des Departments Loire-et-Cher konnte man sich verlassen. Nicht zu vergessen die zahlreichen privaten Sponsoren, die ich hier gar nicht auflisten kann.

Wie kam es zu der Idee eines Gartenfestivals? Zweifellos, weil Gärtnern keine so unschuldige und vergebliche Anstrengung ist, wie es zuerst vielleicht scheint. Gärten spiegeln unsere Gesellschaft wider: Wir sind wohlhabender als vor fünfzig Jahren, deshalb pflanzen wir mehr Blumen als Gemüse an; wir reisen viel, deshalb »zieren« wir unsere Gärten mit den unvermeidlichen Steinskulpturen, Flaschenkürbissen und anderen exotischen Dingen, ohne die wir nicht mehr auszukommen scheinen.

Das Gartenfestival von Chaumont ist nicht nur ein einzigartiges Ereignis. Es wurde bereits im ersten Jahr seines Bestehens zukunftsweisend für das Gartendesign. Seitdem haben die renommiertesten Landschaftsarchitekten teilgenommen; darüber hinaus haben Anfänger, die heute in der Mehrzahl sind (denn wir finden es sehr wichtig, der Jugend eine Chance zu geben), stets neue Ideen beigesteuert.

Kurz, wir arbeiten hart und haben Spaß dabei. Wenn wir kreativen Talenten völlige Freiheit lassen, verteidigen wir damit auch bestimmte moralische Prinzipien: Vorbilder aus der Vergangenheit zu finden, die in die Zukunft wirken; neue Technologien und Materialien einzusetzen und sie auf überraschende, spielerische Art zu nutzen; uns von neuen Pflanzen hinreißen zu lassen und für botanische Vielfalt zu werben; und vor allem, humorvoll zu sein, uns nicht zu ernst zu nehmen, denn Gartenbau muss immer ein Vergnügen bleiben. Deshalb vermeiden alle, die dieses Abenteuer lieben, allzu viel Intellektualisieren und Theoretisieren.

Louisa Jones Buch ist genau zum richtigen Zeitpunkt erschienen und zeigt uns, wo wir stehen. Ihre unstillbare Neugier hat uns viele Details eröffnet, die wir übersehen hatten; ihre Gartenvergleiche haben uns entzückt und überrascht, niemals geschockt. Anfangs hat Louisa sich vorgestellt, dass wir zusammen an diesem Buch arbeiten würden. Wir zogen jedoch eine unabhängige Sicht der Dinge vor und bereuen es nicht. Ihre Vision wird die Leser ebenso faszinieren, wie sie uns hilft, in die Zukunft zu blicken.

Jean-Paul Pigeat　Chaumont, Juni 2002

Ich erinnere mich genau an den Tag, als mich Jean-Paul Pigeat fragte, ob ich im Eröffnungsjahr am Gartenfestival von Chaumont-sur-Loire teilnehmen möchte. Jetzt, über zehn Jahre später, erinnere ich mich an diese Zeit immer noch mit der gleichen Emotion. Es war mein erstes Projekt außerhalb Spaniens. Als junger Gärtner von 35 Jahren hatte ich die Gelegenheit bekommen, Künstler kennen zu lernen, deren Arbeiten ich bereits seit langem schätzte. Am wichtigsten aber war mir, dass ich außerdem die Chance bekam, an den Garten-Ausstellungen und dem Enthusiasmus der Gartenkünstler teilzuhaben. Ich fühlte mich wie ein Jünger, der die Geheimnisse der Meister teilen durfte. Weder werde ich vergessen, wie Jacques Wirtz mit mir sprach, als wir uns erstmals in Chaumont trafen, noch was ich ihm und all den anderen Künstlern verdanke, die in diesem Einweihungsjahr an dem Festival partizipierten. Die Erfahrungen dieses Austausches sind wie Sterne fixiert an meinem geistigen Firmament. Ich habe Bilder dieser »Reisen« im Kopf, die nie an Eindringlichkeit verlieren: den biegsamen Bambustunnel von Hiroshi Teshigahara, die elegante Teakholzbank in einem einfachen Blumenbeet mit weißen Kosmeen von Mark Rudkin, die geheimnisvolle Grotte von Emilio Ambasz, die geschlängelten Wege im Ausstellungsplan des Meisters der Subtilität, Jacques Wirtz, die einen Garten mit dem anderen verbanden wie Blätter an einem Ast. Das Festival von Chaumont hat in den wenigen Jahren seines Bestehens so viel Schönheit und Emotionen, Ideen und Enthusiasmus in sich vereint, dass es immer ein Privileg für uns alle sein wird, daran mitgewirkt zu haben – und auch in Zukunft mitwirken zu können an diesem Austausch, den wir der Intelligenz, dem Einsatz und der unerschütterlichen Passion Jean-Paul Pigeats für Gärten verdanken.

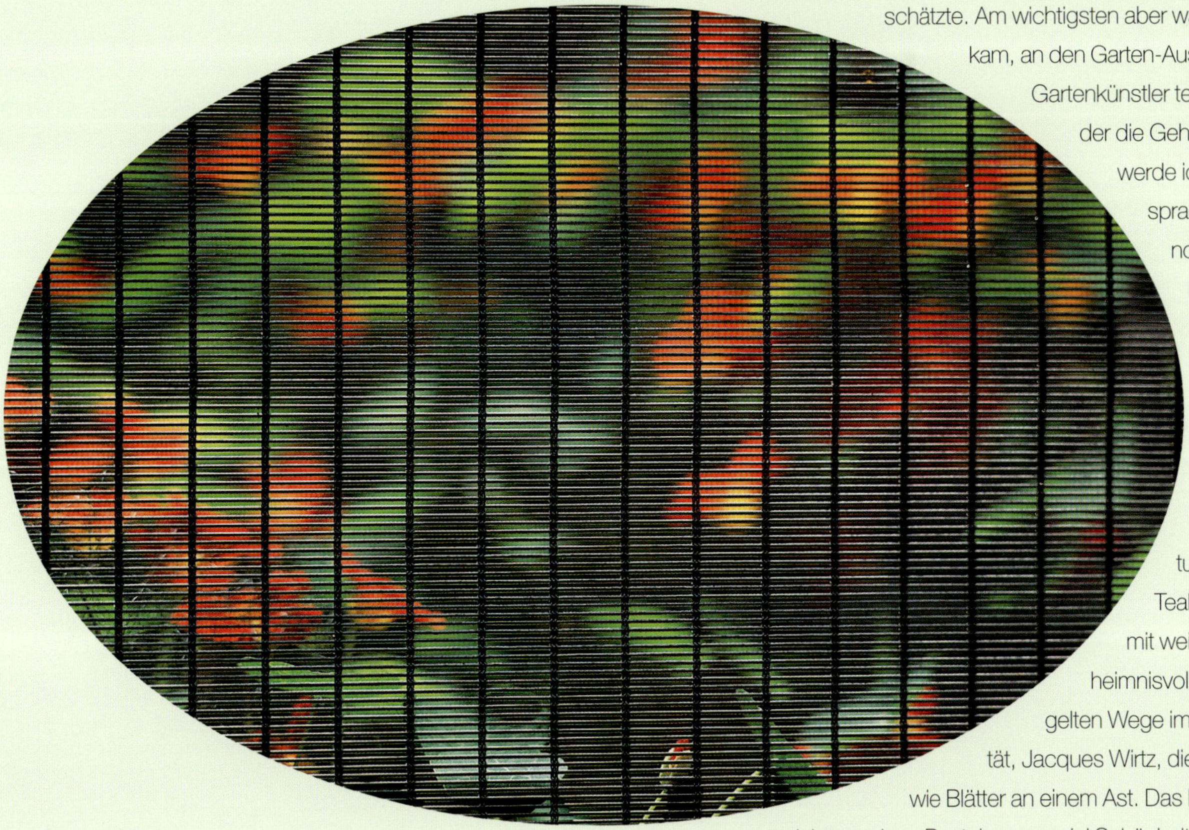

Es freut mich, dass sich nun ein Buch Chaumonts vielfältigen Errungenschaften widmet, von einer Autorin verfasst, deren Werk ich schon vor Jahren bewunderte: Louisa Jones. Ihr Diskurs, bestehend aus intelligenter Analyse und glühendem Enthusiasmus, ist es immer wieder wert, gelesen zu werden.

Fernando Caruncho Oktober 2002

Einleitung
Die Chaumont-Story

Das internationale Gartenfestival von Chaumont-sur-Loire öffnete seine Tore erstmals im Jahr 1992 und avancierte sofort zu einer Bühne für innovatives Design. Es zog auch weiterhin bedeutende Landschaftsarchitekten und Künstler verwandter Disziplinen an, so die Amerikaner Georg Hargreaves, Peter Walker, Lynden B. Miller, Susan Child, Mark Rudkin und Andy Cao; die Japaner Shodo Suzuki, Haruto Kobayashi und Hiroshi Teshigahara; den Spanier Fernando Caruncho, den in der Tschechoslowakei geborenen, in Australien ansässigen Vladimir Sitta, den Holländer Adriaan Geuze und natürlich auch berühmte Franzosen wie Michel Desvigne und Christine Dalnoky, Louis Benech, Laure Quoniam, Jacques Simon und Edouard François. Einige Mitglieder des Gründungsteams, wie Eric Ossart und Patrick Blanc, haben mit ihren in Chaumont ausgestellten Werken internationales Renommee erlangt. Im Zuge dessen hat man die Bemühungen um die Förderung junger Talente verstärkt und sich dazu mit Top-Designerschulen in Kew, Harvard, Cornell, Genua, München, Reggio Calabria und dem Quasar Institut in Rom zusammengetan, um nur die wichtigsten außerhalb Frankreichs zu nennen.[1]

Damit ist Chaumont nicht bloß ein Beobachtungsposten moderner Trends, sondern an deren Entstehung maßgeblich beteiligt. Die 2001 präsentierte *Mosaïculture et Co.* etwa, die man früher als Spleen von Garten-Snobs abtat, hat nicht nur die wachsende Begeisterung der Designer von Pflanzen-Skulpturen auf sich gezogen, sondern sie auch weithin akzeptabel für das Publikum gemacht. Im Mai 2002 veröffentlichte das britische Magazin *Gardens Illustrated* einen Artikel über Teppichbeete, wobei es die in

Chaumont ausgestellten Werke in einer Weise lobte, die perfekt die heutige Funktion des Festivals illustriert: »Hier wurde eine Methode von ihren historischen Assoziationen befreit, um aufregend moderne Gärten zu schaffen. Vielleicht wird das dem fast ein Jahrhundert alten, fragwürdigen Image des Teppichbeets ein Ende machen, damit es endlich als das gesehen wird, was es ist: Ein Modell, das sich dem Gärtner anbietet, der genügend Enthusiasmus und Mittel dafür aufbringen kann.«[2] Jean-Paul Pigeat hat einmal geschrieben: »Es ist immer dieselbe Methode … man nimmt, was gerade greifbar ist und sonst kaum beachtet wird, um damit etwas völlig Neues zu schaffen.«[3]

Doch das Abenteuer ist nicht nur Spezialisten vorbehalten: 60 000 Menschen besuchten das Festival 1992, 2001 waren es 163 000. Die Öffnungszeit wurde von anfangs zwei Monaten im Spätsommer auf fünf Monate zwischen Juni und Oktober verlängert, wobei die Ausstellungen jedes Jahr um ein anderes Thema kreisen. Der deutlichste Beweis des Erfolgs dieses Festivals zeigt sich daran, dass Gartenfestivals entstanden, die sich auf die Inspiration von Chaumont beriefen. Das jüngste ist Westonbirt in England. Wie Chaumont so fordert auch jedes andere Festival Fantasie, Sponsoren, einen Ort, einen Plan, eine Organisation sowie Aussteller und die üblichen Dienstleistungen, um den Erfolg sicherzustellen. Vor allem aber braucht es Mittel und Wege, um das Interesse des immer besser informierten Publikums zu wecken und zu fesseln.

Eine One-Man-Show

Das Festival von Chaumont haben wir der Idee eines einzigen Mannes zu verdanken: Jean-Paul Pigeat. 1946 in Montluçon geboren, studierte er Rechts- und Betriebswirtschaft, bevor er sich als Journalist für umweltspezifische Themen profilierte. Im Jahr 1970 publizierte er zusammen mit Catherine Dreyfus *Les maladies de l'environnement (Die Krankheiten der Umwelt),* das erste Buch in Frankreich, das sich mit Umweltverschmutzung durch Chemie und Lärm, der Desillusionierung der Landbevölkerung und dem Missmanagement von Frankreichs architektonischem Erbe befasste. Im selben Jahr begann Pigeat eine Zusammenarbeit mit dem O.R.T.F. (ein französischer Fernsehsender) und produzierte mehrere Dokumentarfilme, u. a. über den französischen Visionär Charles Fourier sowie eine Serie von vier Filmen über das Thema »Stadt«, bei der Eric Rohmer Regie führte. Von Mitte der 1970er bis Mitte der 1980er Jahre war er für das neue Centre Pompidou in Paris tätig. In dieser Zeit gründete er die Fondation Collioure im Südwesten Frankreichs, die die Wechselwirkungen zwischen kulturellem Erbe und ökonomischer Entwicklung erforscht. 1990 veröffentlichte er sein zweites Buch *Parcs et jardins contemporains (Zeitgenössische Parks und Gärten)*, basierend auf den Eindrücken, die er weltweit bei Besuchen von Designern gesammelt hatte, um eine Ausstellung mit demselben Thema für das Centre Pompidou vorzubereiten. Letzeres gelang aus Budgetgründen nicht, doch Jack Lang, damals Kulturminister, konsultierte Pigeat bezüglich der Einrichtung eines neuen, von der

Oben Serge Mansaus Globus zierte die Chaumont-Ausstellung *Cour de la ferme (Bauernhof,* 2001). Hunderte von Glasblättern in einem Dutzend verschiedener Formen waren auf einem Metallrahmen angebracht.

Gegenüber Jenseits der vielen innovativen Ausstellungen von Chaumont erhebt sich die Silhouette seines Schlosses. Im Bild: *Saules tressées (Geflochtene Weiden,* 1995) von David und Judy Drew, eine der berühmtesten Ausstellungen.

Regierung getragenen Programms zur Förderung von Gärten. Dieses sollte sich zunächst mit der Restaurierung der Tuilerien und der Gartenanlagen des Palais Royal in Paris befassen. Lang war außerdem Bürgermeister der Stadt Blois im Loire-Gebiet, wo er die Schaffung diverser Avantgarde-Projekte zeitgenössischer Designer anregte. Gemeinsam mit den Vorsitzenden der Abteilung Loire-Region des Centre Pompidou bat er Pigeat 1992, das erste internationale Gartenfestival von Chaumont zu organisieren.

Damals wurde auch eine Studien- und Forschungsinstitution als Non-Profit-Verein zur Gründung des Festivals installiert, die das ganze Jahr über tätig ist: das Conservatoire International des Parcs et Jardins et du Paysage (Internationales Konservatorium für Parks, Gärten und Landschaften: CIPJP). Die Aktivitäten des CIPJP haben kaum Öffentlichkeitscharakter, trotzdem ist ihr Einfluss überall in Frankreich spürbar. So haben die vom CIPJP in der Wintersaison angebotenen Workshops für Städteplaner vielen kleinen Landgemeinden geholfen, ihre Umweltprobleme einzudämmen und im ganzen Land den beliebten Chaumont-Bepflanzungsstil für öffentliche Parks ausgelöst: eine freizügige Mixtur verschiedener Grasarten, mehr- und einjähriger Pflanzen, vergleichbar dem aktuellen niederländischen Stil. Das CIPJP förderte auch botanische Expeditionen, 1993 nach Chile und 1995 sowie 1996 nach Japan. Gemeinsam mit der Universität von Tours und den benachbarten Gartenbauschulen von Tours und Blois wurden Bildungsprojekte entwickelt. Im Jahr 2002 wurde das CIPJP vom französischen Ministerium für Unterricht und Kultur als »Pôle Nationale de Ressources d'Art et Culture« (Nationales Zentrum für Kunst und Kulturressourcen) bezeichnet. 1992 beschloss das Conservatoire als Dank für die stete Unterstützung der Gemeinden eine Förderung ihrer Grünanlagen.

All das ist geschehen. Gegenwärtig ist das Conservatoire mit Projekten im Zusammenhang mit der von der UNESCO ausgesprochenen Bewertung des Loire-Tals als Weltkulturerbe befasst. Im Zuge dessen und ebenfalls 2002 wurde Jean-Paul Pigeat mit der Administration des historischen Grundbesitzes von Schloss Chaumont betraut. Dessen im 19. Jahrhundert von Achille Duchêne angelegter Park bietet eine Experimentierfläche für moderne Bildhauerei. Auf dem Gelände des ehemaligen Gutshofs Queneau sollen im Rahmen eines völlig neuen Konzepts Kindergruppen das ganze Jahr über betreut werden. Ein botanischer Garten soll ihnen Gelegenheit zu allen möglichen gartenbaukünstlerischen und ökologischen Experimenten bieten, und die Ställe sollen zu Ausstellungs- und Performanceräumen umgestaltet werden. »Es wird noch ein paar Jahre dauern, bis dieser Gutsbesitz wieder der traumhafte Ort sein wird, der er in den frühen 1920er Jahren einmal war«, meint Pigeat, »doch diesmal wird er allen zugute kommen und ein ganz besonderes Lebensgefühl vermitteln«.[4]

Inzwischen kümmert man sich im erst kürzlich vom Conservatoire eingerichtete Designstudio nicht nur – sowohl entwerfend als auch beratend – um den *Parc de la Gloriette* in der Nachbarstadt Tours, sondern auch um die Gärten der französischen Botschaft in Wien und anderen weit entfernten Orten. Das beginnt bereits die Festivalkassen zu füllen. Jean-Paul Pigeat ist stolz darauf, dass er nie Staatsgelder bekam, wenn ihm auch die Gemeinde im Jahr 2001 großzügig 4,5 Millionen Franc (ca. 690 000 Euro) zukommen ließ. Das Department Loir-et-Cher stellte im gleichen Jahr eine Million Franc (ca. 152 000 Euro) zur Verfügung, und private Sponsoren spendeten dasselbe in Form von Geld oder Produkten. Trotzdem stammen etwa vier Fünftel des Festival-Budgets aus eigenen Ressourcen. Gerade diese relative finanzielle Unabhängigkeit garantiert laut Pigeat die Freiheit: »Wir müssen keinen Regeln folgen, sind niemandem verpflichtet. Wenn wir alle Gärten von einem Jahr zum nächsten erhalten wollten, könnten wir das tun. Niemand kann uns Vorschriften machen.«

Der Platz und der Plan

Schloss Chaumont ist historischer Grundbesitz und Staatseigentum. Es liegt auf einem steilen Hügel mit Blick über die Straße, die die Städte Blois und Tours im Loire-Tal miteinander verbindet. Im Jahr 1992 war es in so schlechtem Zustand, dass manche der alten Bäume außerhalb des Parks gefällt und verkauft werden mussten, um Rechnungen bezahlen zu können. Die drei Hektar große Festivalfläche, die man Pigeat überließ, grenzt an den historischen Park nahe dem Gebäudekomplex eines experimentellen Gutshofs aus dem 19. Jahrhundert. Der Festivalpark kann aus drei Richtungen erreicht werden: vom Gutshof, vom darunter liegenden Schlosspark und direkt von der höher gelegenen Straße. Von den über 2800 Bäumen, die im ersten Jahr in Chaumont gepflanzt wurden, sind vor allem die Weißbuchen-Hecken bemerkenswert, die die dreißig Gartenparzellen umrahmen.

Der Grundriss des Festivalparks stammt vom belgischen Designer Jacques Wirtz, realisiert hat ihn Michel Boulcourt. Die dreißig Gartenparzellen von je ca. 250 Quadratmetern geben jedem Gartenkünstler genügend Spielraum und machen es dem Publikum dennoch leicht, die Gärten zu vergleichen. Für Jean-Paul Pigeat hat der Grundriss Ähnlichkeit mit einem Mosaik, einem Labyrinth und einem formellen Garten. Angelegt wie der geschwungene Ast eines Tulpenbaums, bei dem die Gartenparzellen die Blätter darstellen, verläuft sein Design weich fließend, sowohl innerhalb der einzelnen Gärten wie auch an deren Übergängen. Damit vermeidet man auf intelligente Weise, Stellung zu jenem historischen Gegensatz zu beziehen, der durch den malerisch geschwungenen Park und die Rechtecke konventioneller Blumenbeete gegeben ist. Dieses Layout bedeutet aber auch eine Herausforderung an die Künstler, die ihre Entwürfe so anlegen müssen, dass sie in die tulpen- oder glockenförmigen Flächen passen. Besuchern legt dieser Plan eine Besichtigungsroute nahe, ohne sie jedoch aufzuzwingen. Nach Lust und Laune ist auch ein Zickzackkurs möglich.

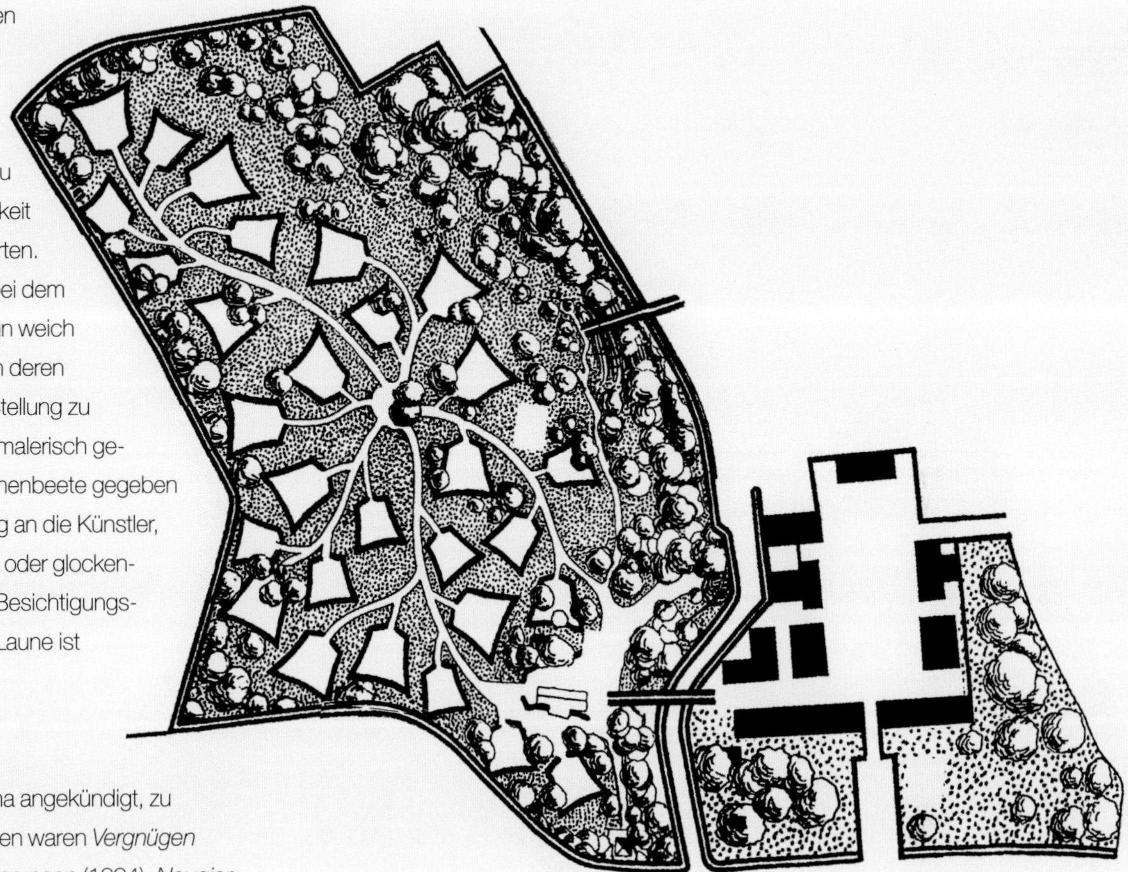

Oben Der Entwurf für den Grundriss des Festival-Parks stammt von dem belgischen Designer Jacques Wirtz, umgesetzt wurde er von Michel Boulcourt. Die Form erinnert an den Ast eines Tulpenbaums samt Blättern.

Gegenüber Ein Teil von Julia Bartons *Erotica: les chemins de la séduction (Erotica: Wege der Verführung,* 2002) bestand aus dieser provozierenden Stahlspitzen-Rosette, die aus einem Papageienblatt-Teppich stachen. Der Wunsch, sie zu berühren, war unwiderstehlich.

Verfahrensweisen und Aussteller

Jedes Jahr im Sommer wird vom Festivalgremium ein Thema angekündigt, zu dem im Herbst Bewerbungen eingehen. Vergangene Themen waren *Vergnügen* (1992), *Fantasie während der Rezession* (1993), *Akklimatisierungen* (1994), *Neugier* (1995), *Ist Technologie poetisch korrekt?* (1996), *Wasser, überall Wasser!* (1997), *Querschläger* (1998), *Nichts als Küchengärten!* (1999), *Freiheit* (2000), *Mosaïculture et Co.* (2001), *Erotik im Garten* (2002) und *Unkraut* (2003).

Drei Typen von Gärten werden präsentiert: die von der Jury aus den Bewerbungen von Künstlern ausgewählten Projekte, Werke der zur Teilnahme am Festival eingeladenen renommierten Designer und schließlich die von den Studenten und Praktikanten des Conservatoire angelegten Gärten. Die Jury wechselt von Jahr zu Jahr und besteht aus Chaumont-Repräsentanten und Gästen, darunter immer ein Designer, der im Jahr zuvor ausgestellt hat. 2002 gehörte Aude Charié, die Publizistin von Chaumont, zur Jury. Ursprünglich ein Mitglied von Pigeats Gründungsteam, baute Charié dessen Promotion-Agentur Papyrus auf – sie zählt auch Villandry zu ihren Klienten –, bevor sie mit einer eigenen Erfindung Furore machte: dem Designer-Flohmarkt.[5]

Im Jahr 2002 gingen über 450 Bewerbungen für 25 Gartenflächen ein. Die Jury tagt jedes Jahr im Dezember, wobei gleichzeitig ein technisches Team die Praktikabilität der vorgeschlagenen Projekte begutachtet. Der Aufbau der Ausstellung beginnt nach Neujahr, gepflanzt wird ab dem 1. April. Die Pflanzen für das Sommerfestival werden entweder in der Gärtnerei des Conservatoire gezogen oder in Treibhäusern, die von Studenten der Ecole nationale supérieure de la nature et du paysage (Staatliche Schule zur Pflege von Natur und Landschaft) in Blois betrieben werden, die 1993 in enger Verbindung mit dem Festival von Chaumont gegründet wurde. Die Studenten von Blois haben auch selbst diverse Festivalgärten geschaffen, und die Praktikanten des Conservatoire helfen bei einem Großteil der Pflanzungen – ein Arrangement, das allen zugute kommt.

Eric Ossarts üppige Mischung aus Gemüse, Kräutern und Blumen auf dem *Cour de la ferme (Gutshof)* wird mittlerweile in ganz Frankreich imitiert.

Von den dreißig jährlich designten Installationen werden etwa sechs vom Publikum ausgewählte erhalten – darunter bisher Hiroshi Teshigaharas *Bambous (Bambustunnel, 1994)* und Patrick Blancs *Murs végetaux (Lebende Wände,* s. S. 136). Einige wurden in Chaumonts »Hall of Fame«, dem *Jardin permanent (Permanenter Garten,* eingerichtet von Bernard Wolgensinger) wieder errichtet.

Jeder Aussteller erhält den gleichen Geldbetrag, der immer 80000 Franc (12196 Euro) pro Garten beträgt oder 100000 Franc (15245 Euro) inklusive des Designer-Honorars. Manche Teilnehmer – wie Simone Kroll, die mit Schulkindern an den Küchengärten arbeitete – sind stolz, wenn es ihnen gelingt, unter diesem Budget zu bleiben. In seltenen Fällen sind auch Sponsorengelder erlaubt: Als sich Dominique Mansion für den Entwurf *Trognes (Poller)* hohen Kosten für den Transport jahrhundertealter Baumstämme aus dem Westen Frankreichs gegenübersah, wurde eine öffentliche Versammlung in Vendôme veranstaltet, um Sponsoren zu finden, die weitere 50000 Franc (7622 Euro) beisteuerten. Einige dieser Förderer waren später an der Gründung des Centre Européen de trognes beteiligt, ein Projekt, das aus Mansions Erfahrungen in Chaumont hervorging.

Die teilnehmenden Designer tragen die Verantwortung für ihre Projekte. Unter jenen, die die Realisierung ihrer Entwürfe von ortsansässigen Vertragspartnern oder Gärtnern des Conservatoire vornehmen lassen, und jenen, die alles selbst machen, gibt es jede mögliche Kombination. Viele der Jüngeren erinnern sich vor allem gern an die Kameradschaftlichkeit, die zwischen den Teilnehmenden entstand, und halten sie für ihre wertvollste Erfahrung. Katharina Schütze vom pep-Studio, Berlin, schrieb: »Wir hatten die Möglichkeit, andere Teams zu treffen, die ihre Gärten anlegten (und die ebenso stolz und begeistert waren wie wir) und auch Leute, die im Conservatoire lebten und arbeiteten. Am Abend kochten wir zusammen in der großen Küche des Conservatoire und hatten viel Spaß … Am Tag arbeiteten wir alle sehr hart. Trotzdem war die Atmosphäre voll kreativer Kraft und Energie. Ich glaube, dass keiner von uns je diese außergewöhnliche Erfahrung vergessen wird.« Viele, wie die belgische Designerin France Rossignol, die 1999 und 2000 ausstellte, lobten die technische und hortikulturelle Hilfe, die sie vom Festival-Team bekamen, das »es gewohnt war, unter den unterschiedlichsten Bedingungen zu arbeiten und mit den verrückten Ideen, die Designer manchmal haben, konfrontiert zu werden. Sie boten nicht nur perfekte Kenntnis der Pflanzen und ihrer Möglichkeiten, sondern fanden auch fantasievolle Lösungen und kreierten dekorative Muster aus dem Nichts. Das ist fast magisch an Chaumont. Alle arbeiten zusammen für ein großes Fest, und jeder fließt förmlich über vor Energie, um den Tag der Eröffnung vorzubereiten«.

Viele Mitwirkende sind Jean-Paul Pigeat für seine inspirierenden Ideen, seine Ermutigung und seine Fähigkeit, Probleme zwanglos zu lösen, dankbar. Hugues Peuvergne, der 2000 eine Strohhütte baute, erinnert sich: »Als das Projekt die technische Prüfung durchlaufen hatte, war mir völlige Freiheit gegeben. Da fragte einer: ›Was ist, wenn jemand eine brennende Zigarette fallen lässt?‹, worauf Pigeat antwortete, ›man werde eben Feuerlöscher besorgen, aber keinesfalls werde man auf ein Projekt verzichten, nur weil es mit einem Risiko verbunden ist. Außerdem gäbe es sowieso stets Sicherheitschecks‹.« Peuvergne beurteilt seine Erfahrungen als »für mich richtungweisend und sehr wertvoll. Ich lernte, mit einem Team zu arbeiten, das Wissen anderer einzubeziehen, realistisch mit Budgets umzugehen und mein Hauptziel im Auge zu behalten: dem Publikum einen Traumtrip zu bieten, indem ich die Magie von Pflanzen und Raum nutze«.

Der Empfang des Publikums

Theoretisch sind alle Gärten am 1. Juni fertig. Das Festival öffnet seine Tore einige Tage später und schließt erst wieder Mitte Oktober. Bestimmte Entscheidungen wurden gleich zu Anfang getroffen, um dem Publikum Komfort zu garantieren, der das Festival nicht beeinträchtigt, ihm dabei aber soviel Freiheit wie möglich zu lassen: Da das Festivalgelände zwischen dem Schlosspark und einer Landstraße liegt, baute man Parkplätze, die nahe und doch außer Sicht sind. Es gibt dreißig an den Wegrändern platzierte Sitzbänke, jedoch keine Abfalleimer. Pigeat fand sie hässlich und kontraproduktiv, weil es gerade ihre Abwesenheit ist, die die Besucher und sogar deren Kinder davon abhält, Abfall auf den Boden zu werfen. Auch Picknick-Plätze gibt es nicht. Doch das Restaurant bemüht sich, schnelles, gutes und preiswertes Essen an einer Pasta-Bar anzubieten. Außerdem gibt es täglich zwei Menüs, die der talentierte Küchenchef François-Xavier Bogard zusammenstellt. Pigeat wünschte sich ein Restaurant, das nicht banal wirkt, und machte kreativen Gebrauch von Blumen, Gemüsen und Früchten, die teilweise aus Festivalgärten stammen.

Nur die Boutique von Chaumont blieb unterschätzt, und zwar so sehr, dass ein englischer Public-Relations-Spezialist sie als »unter-genutzt« bezeichnete. Sie ist in einer hölzernen Hütte untergebracht, entworfen von der Praktikantin Hélèn Buisson, die in ähnlicher Manier auch die zugehörigen Toiletten gestaltet hat. Wenngleich einfach gestaltet, ist der Shop mittlerweile doch erfolgreich, was dem Festivalbudget zugute kommt. In den letzten Jahren hat Chaumonts Label *Jardin de la France* die verschiedensten Objekte geziert. Die Gebäude rund um den *Cour de la ferme (Gutshof)* stehen dem Conservatoire seit 1996 zur Verfügung. Hier bietet man Vorträge und einen Bibliotheksservice an, Räume zur Ausstellung eines subtropischen Gewächshauses, für Fotografie-Ausstellungen wie auch für Geschäftstreffen und Seminare.

La déclaration d'amour (Die Liebeserklärung, 2002) zeigt die antike chinesische Skulptur einer Frau, die sich zwischen Dahlien, Daturas und Wasserlilien ausruht.

Die Besucher von Chaumont nehmen nach Wunsch ihre Route, mit einem Guide oder nicht, ganz wie sie wollen. Junge Designer bieten Führungen in französischer, englischer und deutscher Sprache an.

Als Pigeat begann, gab es noch kein Mittelding zwischen dem altmodischen Management historischer Denkmäler und dem eines Vergnügungsparks oder »Parc d'attractions«. Mit Chaumont entstand der »Parc de découverts« (Entdeckungspark), in dem Unterhaltung die Neugier weckt und Entdecken ein Lernprozess ist. Dies ist nur ein Grund, warum Kindern in Chaumont immer Platz zur Verfügung steht. Denn Kinder sind nach wie vor ein Hauptfaktor des »Grünen Tourismus«, der Frankreich seit Ende der 1990er Jahre überschwemmt, wohl aufgrund neuer Gartenprojekte wie auch anderer Arten von Entdeckungsparks. Einer davon ist Guillaume Sonnets berühmter Vallon du Villaret, ein Skulpturenpark im entlegenen Lozère im Südwesten Frankreichs. Sonnet wirbt mit Campingplätzen und Kunstmuseen um ein Publikum von sieben bis siebzig Jahren. Ähnlich wie Chaumont hat er nicht nur die Absicht, das Erfahrungsspektrum der Besucher zu erweitern, sondern auch ein Gefühl von Gemeinsamkeit zu erzeugen.[6]

Tatsächlich lockt der »Grüne Tourismus« selbst die kleinsten Besucher. Die belgische Designerin Simone Kroll etwa entwarf in den Anfangsjahren Chaumonts Küchengärten zuerst mit Schülern der lokalen Schule und dann mit behinderten Kindern von Blois. In den letzten Jahren wurden während der Festivalsaison regelmäßig Klassenausflüge organisiert, und 2002 wurde von den Schulen ein ganzjähriges Workshop-Programm eingeführt, das jährlich an die 12000 Schüler aufnimmt. Auch einzelnen Besuchern mit Kindern wird die Teilnahme an Projekten geboten, wie etwa am Wasserdschungel der Société Pro Urba. Die Kinder nahmen hier so intensiv teil, dass ein englischer Journalist den Eltern riet, trockene Kleider zum Wechseln mitzubringen. Trotzdem, wurde betont, würden sie sich blendend amüsieren.

Das Chaumontfestival zu entdecken, kann leicht einen ganzen Tag in Anspruch nehmen. Zudem gibt es viel Spannendes, wofür es sich lohnt wiederzukommen – sowohl spontan als auch für Aktivitäten, die eine ganze Festival-Saison dauern. Es gab Projekte wie Wein- und Parfüm-Workshops, einen Landschafts-Entdeckungs-Pfad (er ähnelte einer Detektiv-Ermittlung, und man lernte, auf dem Boden alte Spuren zu lesen), außerdem Kurse für innovatives Gärtnern wie etwa das Anlegen dekorativer Gemüsegärten, ein Trend, den das Chaumont-Festival als erstes propagierte.

Kritische Stimmen

Im Laufe seines zehnjährigen Bestehens konnte das Chaumont-Festival einen Erfolg nach dem anderen verbuchen. Unter seinem Einfluss hat sich das Image der Hortikultur in Frankreich und anderswo nachhaltig verändert. Doch wie so oft erweckt auch hier die starke persönliche Vision eines Einzelnen unweigerlich Widerspruch. Manch heimlicher Neider behauptet, Chaumonts Palette »spektakulärer, experimenteller, pädagogischer und geschäftlicher Aspekte« führe zu »kreativer und finanzieller« Zweideutigkeit.[7] Eine andere Kritik konzentriert sich auf das Fehlen einer größeren Auswahl an Pflanzen. Wobei niemand, der das Werk Eric Ossarts oder Patrick Blancs kennt, deren Beiträge in ebendiesem Bereich infrage stellen würde (s. Kap. 2). Eine weitere Kritik, meist von militanten Studenten der Ecole nationale supérieure du paysage in Versaille geäußert, verurteilt Chaumonts Konzentration auf Gärten als Eskapismus-Unterhaltung, die Probleme wie den Ruin gewachsener Landschaften überdecken würde. Andere wiederum fragen sich, ob Chaumonts Gärten überhaupt Gärten sind und nicht lediglich Performances, Installationen oder Bühnendesign. Frankreichs populärster Gärtner, Gilles Clément, schreibt dazu: »Ich nenne diese Art von Show ein ›Kunstfestival im Freien‹. Ein Garten ist zuerst einmal ein Gärtner – ein enges Zusammenwirken zwischen Mensch und Natur. Er ist kein ›Dekor‹ und noch weniger ist er eine ›Installation‹.« Doch man könnte genauso gut behaupten, diese Widersprüchlichkeiten seien gerade der Boden, auf dem Experimentelles gedeiht (s. Kap. 3–5). Gartenfestivals gehören, wie Landschaftsanlagen und Gärten überhaupt, grundsätzlich in jene Kategorie, die der Historiker John Dixon Hunt »Außenraumgewinnung« nennt. Und weil Chaumont die besten modernen Nachwuchstalente dazu ermutigt, das zu tun und dies noch dazu mit einer offenbar sehr beliebten Freizügigkeit, ist man versucht, daraus zu schließen, dass eine Rose, auch wenn man sie anders nennt, immer eine Rose bleibt ...

Chaumont wird manchmal besonders für seine Diskrepanz zwischen Traum und Wirklichkeit kritisiert. Trotzdem: Jean-Paul Pigeat hat seinen Kopf in den Wolken und seine Füße auf dem Boden. Nur manchmal verführt ihn sein Enthusiasmus dazu, das Festival in »überlebensgroßen Dimensionen« zu präsentieren. Die Texte bei den Garteneingängen weisen – wenngleich von verschiedenen Autoren verfasst – einen meist lyrischen, leidenschaftlichen, originellen, oft auch witzigen Stil voller kultureller Bezüge und Anspielungen auf. Allerdings hat manchmal auch der geneigteste Zuschauer Schwierigkeiten, den Garten mit dem geschriebenen Text in Verbindung zu bringen. Allerdings geben Pigeats Bücher, da sie mehr Raum dafür haben, erklärende Anhänge mit technischen Details, Gartenpflanzen und Pflanzenlisten. Diese Informationen sind inzwischen auch bis zu einem gewissen Grad auf der Festival-Website nachzulesen.

Einer von Pigeats lobenswertesten Träumen war es, ein Publikum aus allen Gesellschaftsschichten anzuziehen, ungeachtet sozialer oder professioneller Hierarchien. Dies hat er zweifellos in unerwartetem Umfang erreicht. Aber kann man Givenchy sein und gleichzeitig ein Laden an der Hauptstraße? Die Zeitungsartikel, die größtenteils enthusiastisch darüber berichten, geben dem Festival den Status eines Modeschöpfers, indem sie Wortspiele wie »haute bouture« (Hochschnitt) oder »haute culture« (Hochkultur) anwenden. Das hält das intellektuelle Pariser Establishment nicht davon ab, Chaumonts Geschmack zu kritisieren, indem es seine bereits sehr hochgezogenen Augenbrauen über Gartenzwerge und »Potagitis« (s. S. 171) hebt. Das große Publikum aber genießt Chaumont, auch wenn es einige Designs als zu elitär und zu konzeptuell empfindet: Bisweilen wird es etwas ungeduldig mit der Postmodernene oder mit ausgeklügelter Technik, die es sich nicht zutraut, selbst anzuwenden. Jane Amidon, Autorin von *Radical Landscapes (Radikale Landschaften, 2001)* behauptet, dass das Festivalpublikum bereit ist, »sich Garten-Landschaften ... nicht als etwas Räumliches, sondern als formbares Medium eines kulturellen Kommentars vorzustellen«. Aber es ist gut möglich, dass es genau die »formbaren Medien« sind, bei denen sich das Publikum ausklinkt.

Mit der Zeit finden schöpferische Ideen trotzdem ihren Niederschlag beim Publikum. Die Avantgarde impliziert ja gerade eine Verzögerung zwischen der Erfindung und ihrer allgemeinen Akzeptanz (sogar wenn ihre Ideen bereits von Anfang an populär waren wie etwa Chaumonts Küchengärten). In seinen Büchern zielt Pigeat darauf ab, Vorschläge zu machen, die jeder selbst im kleinsten Garten umsetzen kann – eine Art

»Rezeptbuch« für das Familiengärtnern. Viele Ideen sind tatsächlich verwendet worden, geflochtene Weidenzäune zum Beispiel, wenn auch normalerweise erst nach ihrer Anpreisung durch die großen Gartenzeitschriften. Es sind deren Journalisten, die, von ihrem eigenen Enthusiasmus für das Festival angespornt, praktische Anwendungsmöglichkeiten für ihre Leser erarbeiten und ihnen helfen, die geeignetsten auszuwählen und einzusetzen. Pigeat ist auch anzurechnen, dass er weltweit Talente entdeckt und einbezieht und dies nicht nur in Bezug auf das Gartendesign. Obwohl es ein Defizit gibt, weil nicht einmal die grandiose Pariser Intelligenzia alle berühmten ausländischen Namen kennt. Und was das große Publikum angeht – es mag einen ganzen Sommer lang kommen und gehen, ohne überhaupt die internationale Bedeutung solcher Künstlerpersönlichkeiten wie Andy Cao, Adriaan Geuze oder Vladimir Sitta zu begreifen. Könnten die Einführungstexte ein umfassenderes Resümee der früheren Werke der Künstler bieten? Die Designer selbst beschweren sich nicht, wenn sie sich auch manchmal ein wenig ärgern, wenn man Titel für ihre Ausstellung erfindet oder verändert, ohne sie zu fragen. Doch es ist eine Tatsache, dass sich internationale Gartendesigner mehr als je zuvor wünschen, nach Chaumont eingeladen zu werden.

Die Errungenschaften von Chaumont

Der herzliche Empfang, den Chaumont Kindern bereitet, entspringt nicht nur gemeinnützigem Engagement oder kommerziellem Interesse, auch wenn beide Aspekte nicht irrelevant sind. Das ungezwungene Element des Spiels ist auch Teil dessen, wie Erwachsene Chaumont erleben. Es gab Erfindungen wie »Horror-Tage« noch bevor der Halloween-Kult uns überschwemmte, es gab »Nothing Days«, an welchen die Besucher sicher gehen konnten, dass sie einen sehr ruhigen Tag verbringen würden, ein bisschen wie an Lewis Carolls »Ungeburtstagen«. Caroll hätte sich in Chaumont sicher sehr zuhause gefühlt. Alice ebenso.

Zweifellos wurzelt das Festival in einer Zusammenhänge schaffenden Philosophie, die es zu wesentlich mehr als einem kommerziellen Unternehmen macht. Andere Festivals werben für neue Ideen, Techniken und junge Talente und bieten anerkannten Künstlern eine Chance, etwas zu erschaffen ohne beengende Regeln, die Auftraggeber oft vorschreiben. Doch Chaumont war auch insofern richtungweisend, als es einen Dialog der »schönen Künste« mit dem Gartendesign einleitete, wie auch zwischen konzeptueller Landschaftsarchitektur und praktischem Gärtnern, Elitekultur und Publikumsneigung. Mit seiner Mixtur aus Didaktik und Spaß und seinen Teammanagement-Techniken hat es ein Modell für eine neue Art von Tourismus geschaffen. Das Conservatoire hat sich an den Anstrengungen beteiligt, den historischen Bestand an Gärten und Landschaften zu erhalten, indem es urbane Kunst in ruraler Umgebung stattfinden lässt und nebenbei ganze Generationen von Studenten ausbildet.

Jane Amidon glaubt, dass der Erfolg von Gartenfestivals auf ein neues Verständnis des Gartens als ein Medium moderner Forschung weist. Chaumont war der Begründer dieser neuen Experimentierfreude und ist immer noch dessen beständigster Förderer, da es regelmäßig über einen längeren Zeitraum hinweg stattfindet. Arnaud Maurières, dessen Werk als eines der originellsten in Frankreich gilt, machte Jean-Paul Pigeat ein ultimatives Kompliment, indem er erklärte: »Es war Chaumont, das als erstes das Recht auf Freiheit im Gartendesign propagierte.«

Das Schloss und sein malerischer Park werden nun vom Conservatoire verwaltet.
Besonders erfolgreiche Werke des Festivals werden hier im »Permanenten Garten« wieder errichtet.

1

Globale Verbindungen

Das heutige Gartendesign ist ebenso multikulturell wie Musik. Führende Landschaftsarchitekten wie Peter Walker aus den USA, Adriaan Geuze aus Holland, Peter Latz aus Deutschland oder der aus der Tschechoslowakei stammende Australier Vladimir Sitta praktizieren ihre Kunst weltweit. Alle haben Websites in mindestens zwei Sprachen und alle haben Gärten für das Gartenfestival in Chaumont-sur-Loire geschaffen.

Richard Weller, Sittas australischer Kollege, glaubt, dass der Schlüssel zu moderner Landschaftsarchitektur die »Sensibilität für einen Ort und damit einhergehend das Erkennen der Möglichkeiten eines Ortes voraussetzt. Dieses Feingefühl kann zu einer globalen Sensibilität für das Lokale und zu einer lokalen Sensibilität für das Globale führen – einem Mosaik von Unterschiedlichkeiten, einer Heterogenität lokaler Kultur, lokaler Typologie«. Er sagt voraus, dass »neue Unterschiede aus dem Globalismus entstehen werden, schon entstanden sind«.[1]

Die Orte, an denen man das überprüfen kann, sind die Gartenfestivals, die, wie die franco-amerikanische Designerin Kathryn Gustafson anmerkte, »die Grenzen des Experimentierens erweitern und das Landschaftsdesign einem größeren Publikumskreis zugänglich machen«.[2] Doch internationales, gegenseitiges Befruchten ist ebenso erwünscht wie gefürchtet. Exotische Importe können invasiv wirken, sowohl botanisch wie auch kulturell, denn Moden breiten sich rund um die Welt schneller aus als Blütenstaub, und globale Verbindungen können vereinheitlichend wirken, statt Vielfalt zu gewährleisten. Es ist aber gerade letzteres, das die heutigen Gartenfestivals für sich beanspruchen wollen.

Im Jahr 1992 wurde das Festival von Jean-Paul Pigeat als eine weltumfassende, experimentelle Einrichtung gegründet. In seinem 1990 erschienenen Buch *Parcs et jardins contemporains (Zeitgenössische Parks und Gärten)* beschreibt Pigeat amerikanische Designer als inspiriert von weiten Landschaften, Asiaten als poetische Erzähler und Europäer als häufig zu beeinflusst von anglo-italienischen Ideen. Seine Bewunderung gilt Designern, »denen es gelingt, sowohl dem Einfluss von Le Nôtre wie auch dem Gertrude Jekylls« zu entgehen und insbesondere dem Brasilianer Roberto Burle Marx, der für ihn, wie für viele junge Designer der Moderne, ein hervorragendes Beispiel darstellt. Doch Pigeats Buch beginnt mit dem Bauernhof seines Kindheitsfreundes Piero, einem Künstler mit Bart und Jeans, der heute noch lebt und – ohne ein Telefon zu besitzen – im Herzen Zentralfrankreichs gärtnert. Pigeats eigene globale Vision blieb der französischen Erde verhaftet. In Chaumont repräsentieren das permanent tätige Conservatoire und das saisongebundene Festival wechselweise lokale Kraft und globale Verbundenheit: Die Organisation arbeitet mit vielen Provinzgemeinden, während das Festival eine internationale Bühne darstellt.

Gegenüber oben *Trognes (Poller,* 1999–2000) von Dominique Mansion illustriert die alte Usance des Bäumekappens, indem sie einige, beim Roden in Westfrankreich herausgerissene Baumstämme rettete und nutzte.

Gegenüber unten Nico Bouts und Pascal Gaucher von der Nord-Sud Paysage-Agentur in Nordfrankreich ließen sich von den Hopfengärten ihrer Region inspirieren und schufen *Houblon: dans tous les sens (Hopfen: In alle Richtungen,* 1996).

Rechts Bei *La serre molle (Das sanfte Gewächshaus,* 1998) von Duncan Lewis und Edouard François experimentierte man sowohl mit historischen wie auch mit Avantgarde-Techniken.

Welt-Reise

Obwohl das Festival von Chaumont, was Inspiration und Einfluss betrifft, international ist, können die teilnehmenden Künstler es nutzen, um lokale Identität zu betonen. In diesem Sinn wirkt das Mosaik-Modell: Als Einheit unterschiedlicher Teile, wovon jeder seinen eigenen Charakter bewahrt. Die ausstellenden Künstler müssen gewissermaßen ihre »Empfindung eines Ortes« konzentrieren und transportieren können wie eine Schale Bouillon, um das jahrhundertealte Erbe einer ganzen Kultur in einer Installation darzustellen, die nur eine Saison lang Bestand hat. Verschiedene Wege wurden dafür seit

den Anfängen beschritten. Einige Designer erschaffen einfach einen Garten, wie sie ihn von zuhause kennen. Das typisch lokale Design wird dabei von der »Vision« des Künstlers geprägt. Auf diese Weise haben Gartenstile aus China, den USA, Portugal und Algerien ihren Weg nach Chaumont gefunden.

Eine andere Annäherungsweise verbindet lokalen Charakter mit regionalen Produkten, die das vorbeiflanierende Publikum leicht wieder erkennt. In ihrer Klassifizierung erzählender Landschaften beschreiben Matthew

Oben Im *Jardin congolais (Kongolesischer Garten,* 1999) hat die belgische Designerin France Rossignol gefärbte Holzplättchen, Kiefernrinde, Tonscherben und Kohle verwendet, um die attraktiven Muster afrikanischer Kunst zu erzeugen.

Links oben Kulturelle Identität: der *Potager portugais (Portugiesischer Küchengarten,* 1999) wurde rings um auffallende Säulen mit Azulejos-Fayencen angelegt.

Potteiger und Jamie Purinton das als »das Souvenir, das – wie ein winziger Erinnerungsfetzen – imstande ist, ein größeres Ereignis oder einen Ort zu repräsentieren«.

So erinnert das in den baskischen Farben Rot, Weiß und Grün angelegte Gartenprojekt *Bipergorria (Roter Pfeffer,* 2000) an das pudrige Gewürz, das man in der Nähe von Bayonne aus scharfem Espelette-Pfeffer herstellt. Diese Ausstellung wurde teilweise von der Vereinigung der Espelette-Pfeffer-Hersteller gesponsert. Die Hopfenstauden von *Houblon: dans tous les sens (Hopfen: In alle Richtungen,* 1996) erinnern an flämisches Bier und zeigen einen futuristischen Dschungel, der von der Nord-Sud Paysage-Agentur geschaffen wurde.

Im *Potager impérial chinois (Kaiserlicher Chinesischer Küchengarten,* 1999) scheint der Brunnen ein westlich geprägtes Element zu sein, doch in Wirklichkeit war die Raumanordnung nach den Regeln des taoistischen Symbolismus organisiert.

Der Kulturtourismus, eines der einträglichsten Geschäfte weltweit, unterwirft Gartenfestivals denselben Zwängen wie andere auch: Den Künstlern muss es gelingen, das Interesse eines rasch vorbeiziehenden internationalen Publikums zu fesseln, das mit unsicheren Kenntnissen und vagen Erwartungen unterwegs ist. Wird die Integrität der Werke dadurch bedroht? Verdirbt oder verwässert das Umwerben des Publikums, auch des kulturell motivierten, jeden »authentischen« Dialog? Der Historiker Alain Corbin beschreibt, wie Landschafts-Schutz, der heutzutage ein »starker Ausdruck regionaler, kollektiver Identität« ist, zu einem gewissen »theatralischen Verhalten« führen kann, indem Ortsansässige das Gefühl haben, sie würden sich für die Besucher in Szene setzen, oder indem die Werbung ein Produkt einer bestimmten Gegend zuordnet. Doch nichtsdestotrotz verzeichnet er eine »neue und weit verbreitete Sensibilität« für die Verbindung zwischen Landschaft und Selbstgefühl. Gartenfestivals machen es den Designern möglich, diese Zusammenhänge darzustellen, und das innerhalb eines nicht unmittelbar kommerziellen Kontexts, der trotzdem ein großes Publikum erreicht.

Gartenfestivals, die den regionalen Charakter betonen wollen, können mit den umstrittenen Kreisverkehrsanlagen verglichen werden, die man heutzutage außerhalb auch noch des kleinsten französischen Dorfes sieht. Beide demonstrieren innerhalb eines begrenzten, eigens dafür geschaffenen Bereichs das, worauf sich der Hauptstolz der jeweiligen Gemeinde gründet, und beide sind beim Kulturestablishment umstritten.

Solche Konzentrationen regionaler Phantasie sind als Darbietungen im Freien natürlich von den Weltausstellungen der Vergangenheit her bekannt. Wie vielsagend assoziativ war der *Jardin congolais (Kongolesischer Garten,* 1999), den France Rossignol für Chaumont geschaffen hat. Sie holte sich ihre Inspiration von dem vom belgischen Meister für Landschaftsarchitektur, René Péchère, für die Weltausstellung des Jahres 1958 entworfenen Garten. Damals fand Péchère kein einfaches afrikanisches Garten-Modell, also imitierte er stattdessen Stoffmuster. Rossignol ließ die »Schönheit und Vielfalt dieser populären afrikanischen Kunst«[3] auf elegante Weise und ohne kolonialistische Herablassung mit Hilfe gefärbter Holzplättchen, Kiefernrinde, Tonscherben und Kohle wiedererstehen.

Schottischer Küchengarten

tarpot 1999 Lumir Soukup, Nigel Buchan und Frazer McNaughton, Schottland

Im Jahr 1999 lieferte das Thema *Küchengarten* eine gute Ernte »nationaler Geschmäcker«. Viel bewundert war der witzige *Tartan potager* oder *TarPot*, der mit dem Nimbus schottischer Identität spielte. Nigel Buchan ist Vorsitzender der Sektion Landschaftsarchitektur des Scottish Natural Heritage, in dem auch Frazer McNaughton engagiert ist. Lumir Soukup lernte an der Glasgow School of Art, bevor er Landschaftsarchitektur an der Universität von Edinburgh studierte. Sein bekanntestes Werk vor Chaumont war das *Bathgate-Gesicht* auf dem Gelände einer ehemaligen britischen Rover-Autofabrik. Dafür wurden die Gesichter von 1216 Ortsansässigen ausgemessen. Das Resultat wurde in ein kollektives Design umgewandelt: eine Keramikskulptur von 30 Metern Durchmesser, konstruiert aus Betonresten, Bauschutt, Erde, Gras und wilden Blumen. Lokaler Charakter, der durch ein Kunstwerk kommuniziert wird, ist eine von Soukups Spezialitäten. Doch der *TarPot* in Chaumont war McNaughtons Idee.

TarPot machte sich über Klischeevorstellungen lustig. Die »Chaumont-Clan«-Farben wurden durch Gruppen von 1650 gemischten Gemüsepflanzen dargestellt, die gut mit Stroh kontrastierten: verschiedene Kohlsorten (kleinwüchsiger, rundblättriger Kohl, Rotkohl) wurden mit den lebhaften Farbtönen von rotgeriffeltem Mangold und Salbei durchmengt. Ein Zickzackstreifen aus schottischem »Wildholz« durchdrang das Muster wie ein Blitz, indem es Haselnussholz, schottische Kiefer, Birke, Hollunder und Eberesche miteinander mischte, die sich aus einem Teppich von Farnen erhoben. Von einer erhöhten Metallplattform blickte man auf einen Bogen aus Drahtkörben, die für Schottland typische Objekte enthielten. Diesen Bogen definierte Soukup als »traditionellen schottischen Unterstand«, wie man ihn normaler-

Gegenüber *TarPot (Schottischer Küchengarten)* war eine ebenso leidenschaftliche wie ironische Anspielung auf den schottischen Nationalismus und wurde von zwei Landschaftsarchitekten und einem Künstler angelegt.

Oben »Die Hütte«, erklärte Soukup, »enthielt kleine Fetischobjekte, kleine Ansammlungen verschiedener Materialien oder Objekte, die eine gewisse konzeptuelle Botschaft vermittelten.«

Rechts Rotgeriffelter Mangold, Kohl und Kohlgemüse, Schalotten und Zwiebeln gemischt mit leuchtend rotem Salbei und gefederten Farnen ergaben das zentrale Farbenspektrum.

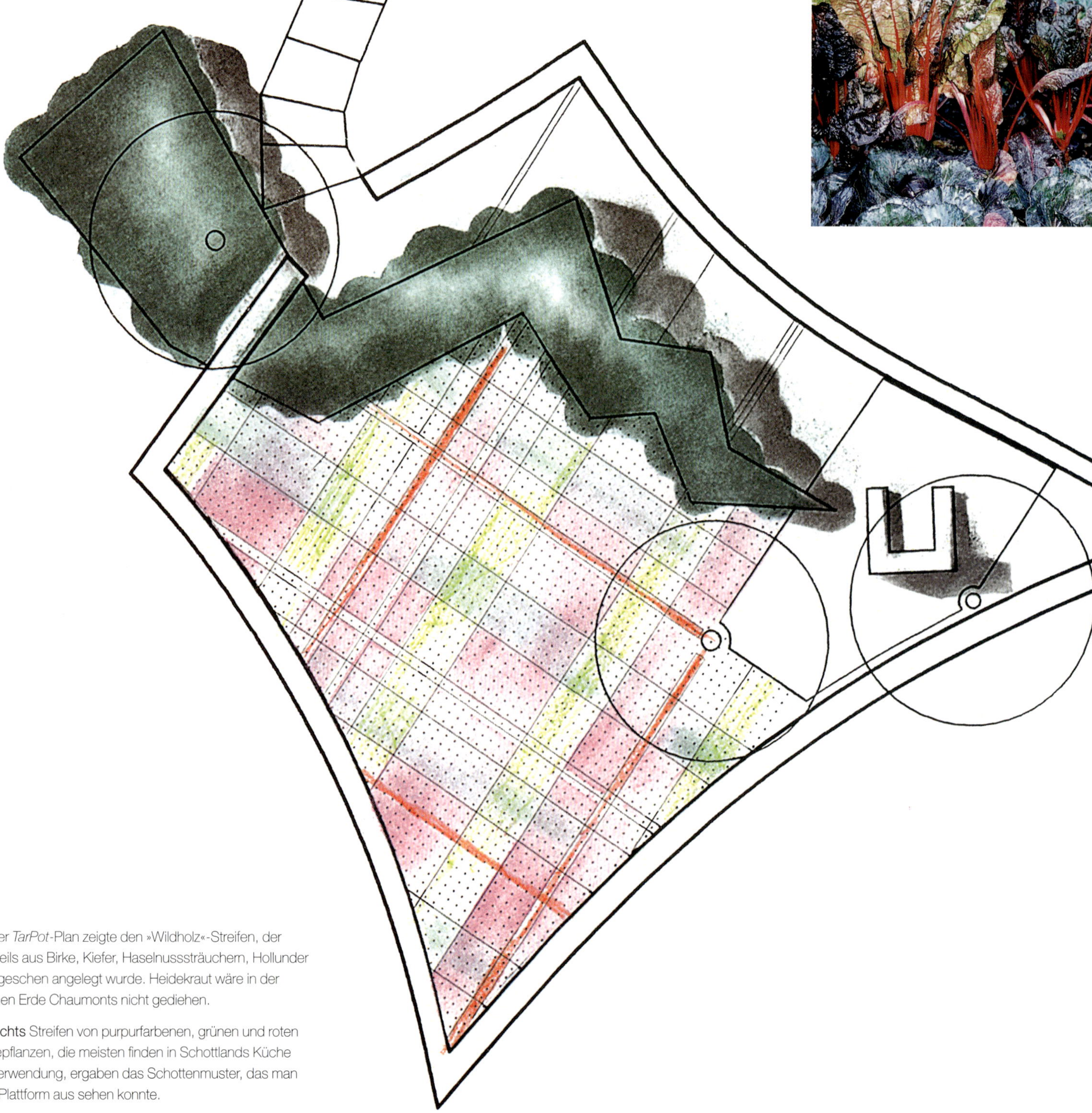

Oben Der *TarPot*-Plan zeigte den »Wildholz«-Streifen, der größtenteils aus Birke, Kiefer, Haselnusssträuchern, Hollunder und Bergeschen angelegt wurde. Heidekraut wäre in der alkalischen Erde Chaumonts nicht gediehen.

Oben rechts Streifen von purpurfarbenen, grünen und roten Gemüsepflanzen, die meisten finden in Schottlands Küche häufig Verwendung, ergaben das Schottenmuster, das man von der Plattform aus sehen konnte.

weise in wilden, entlegenen Landschaften für vorbeiziehende Schafhirten etc. findet. Mit dem Einfall, einen Unterstand aus Ideen und Vorstellungen zu bauen, wurde eine traditionelle Form verwendet und »zeitgemäß umgesetzt, um damit eine Reihe von Klischees über den Haufen zu werfen«. Die Objekte wurden zum Teil von prominenten Schotten – wie der Schriftsteller Alasdair Gray, die Filmemacherin Felicity Johnstone, der Choreograf David Smith, der Architekt und Bildhauer Matthew Inglis, die Gartendesignerin Claudia Ferguson-Smyth – gestaltet. Die »Blume von Schottland« wurde durch Schlafmohn dargestellt; Bierdosen einer bekannten Brauerei wurden zum Objekt »Brave Heart« gestaltet, und Schallplatten mit Dudelsack-Musik hingen neben Elvis-Presley-Platten. Die nationale Identität schwankte zwischen archaischem

Oben Dieser »Garten mit Botschaft« beeindruckte durch seine Ästhetik, die vor allem von großer Aufmerksamkeit für das Detail zeugt, insbesonders für die Oberflächenstruktur.

Links Die Designer nutzten konstant die Kontraste zwischen natürlichen und von Menschen geschaffenen Elementen, von Tradition und von Technologie. Auf nur 250 Quadratmetern präsentierten sie Wildnis, Landwirtschaft und Küchengärten.

Unten Wie viele von Chaumonts Künstlern, erfanden auch die drei Schotten phantasievolle Lösungen, um lebende Bäume, Abhänge, Wasser – oder den Mangel daran – in ihre Ausstellung zu integrieren.

Klischee und multinationaler Kommunikation, allerdings nicht nur im positiven Sinn. Denn der Grundsatz der Designer lautete: »composte … compare … comment« (vermülle … vergleiche … kommentiere).

TarPot wurde später in der Round-Room-Galerie der Universität von Edinburgh aufgebaut, eine offizielle Anerkennung. Im folgenden Jahr wurde Lumir Soukup für den Aufbau des ersten Schottischen Gartenfestivals engagiert, danach arbeitete er an den Gärten des neuen Schottischen Parlaments – unter Führung von Enrico Morales' Barcelona Agentur. Denn Teil der schwer erkämpften Individualität der Schotten ist ihre ironische Ader.

Neuengland-Garten

new england garden 1994 Lynden B. Miller, USA

Lynden B. Miller schuf für Chaumont einen Garten, der, wie sie sagt, »meinem eigenen im Nordwesten Connecticuts stark ähnelt: weißer Lattenzaun, Heckenrosen, Bauernstühle und eine alten Love-knot-Bank aus Hatfield House in England, die ich in meinen amerikanischen Garten integriert habe«. Lynden B. Miller interpretierte das Festivalthema *Akklimatisierung* historisch, indem sie »amerikanische Pflanzen auswählte, die während der vergangenen Dekaden von europäischen Züchtern verbessert worden waren, denen Sorten- oder Artennamen gegeben wurden, um sie dann den amerikanischen Gärtnern mit einem Gütesiegel von ihrem Trip in die Alte Welt zurückzuschicken. Man könnte sagen, sie hätten eine Europa-Reise gemacht – das absolute Muss amerikanischer Intellektueller und Künstler. Die Pflanzen kamen kultivierter zurück und wurden mit neuen Namen und neuem Prestige re-akklimatisiert. Neuenglische Astern, Kunigundenkraut, Sonnenhut und Goldrute sind einige der Pflanzen dieser Kategorie«. Die hölzernen Armstühle stammten ebenfalls aus transatlantischem Austausch: Entworfen 1918 von dem holländischen Architekten Gerrit Rietveld, adaptierte sie in den 1960er Jahren der Amerikaner Lester Collins .

Lynden B. Miller war lange Jahre Malerin und schuf, bevor sie zum Gartendesign wechselte, »abstrakte Landschaftscollagen«. Sie betrachtet ihre Arbeit in Chaumont als eine »gigantische Collage aus Farben, Gebilden, Oberflächen und Formen«, in der sie die Vielfalt von Sommer- und Herbstblumen betonte. Vor allem wollte sie einen Garten der Freude und des Vergnügens kreieren und reiste selbst mehrere Male an, um Pflanzen auszusuchen und zu arrangieren. Das Ergebnis war nicht amerikanisch-kolonialistisch, sondern eher eine Reminiszenz an die 1920er Jahre. Diese Mode war (so der Historiker Mac Griswood) gekennzeichnet von formalen, durch die luxuriöse Üppigkeit der Blumen aber fast verdeckten Anlagen, »punktuell markiert durch Terrakottatöpfe, die vor Yuccapflanzen strotzten …« – wie Millers Garten in Chaumont. Die Frauen, die diese Gärten geschaffen hatten, waren Designerinnen, Schriftstellerinnen und Gründerinnen des ersten Garten-Clubs Amerikas gewesen – würdige Vorreiterinnen jener Designer, die heute starke regionale Wurzeln mit globalem Bewusstsein verbinden.

Lynden B. Millers Design hatte zwei Ziele: »Malerei in Gartenkunst zu übersetzen und die Akklimatisierung amerikanischer Pflanzen in Europa darzustellen, von denen viele später wieder nach Amerika zurückfanden.«

Millers Übersetzung der Tradition in zeitgenössisches Design wird in ihren Gestaltungen öffentlicher Gärten sichtbar, die sie in New York ausführte (u. a. Conservatory Garden im Central Park, Bryant Park, Teile der Battery Park City). Nach der Katastrophe vom 11. September 2001 hat sie aufgrund der Beobachtung, dass die New Yorker ihre Grünanlagen spontan als Gedenkstätten nutzten, die Pflanzung einer Million gelber Tulpen und Narzissen angeregt, um im darauf folgenden Jahr gelbe »Erinnerungsbänder« durch die ganze Stadt zu ziehen. Denn sie glaubt an die regenerative Kraft von Gärten.

Oben Rotes Laub (Perilla, Cotinus), gepflanzt im Kontrast zu Sommer- und Herbstblumen wie Verbenen *(Verbena bonairiensis)*, Schöne Fetthenne *(Sedum spectabile)*, Mädchenauge *(Coreopsis)*, Goldrute *(Solidago)* und Sonnenhut *(Rudbeckia)*, zusammen mit einjährigen Bauernpflanzen (Petunia, Tabak und Zinnie).

Links Miller ist sich bewusst, dass die Globalisierung nicht erst in unserer Zeit begonnen hat. Ihr *Neuengland-Garten* ist deshalb nicht nostalgisch, sondern soll daran erinnern, wie Pflanzen und Stile seit Jahrhunderten wandern.

Handwerk und Erfindung

Kunsthistoriker haben es nachgewiesen: Formen wandern und verändern so ihre Bedeutung. Das könnte man auch von Techniken sagen. So traf Jean-Paul Pigeat bei seinen im Vorfeld des Festivals unternommenen Recherchen in einem Gewächshaus der Vereinigten Arabischen Emirate auf eine Nebelmaschine, die, wie er herausfand, von der Firma Dutrie in Nordfrankreich hergestellt worden war. Gemeinsam mit dieser Firma entwickelte er später eine Version derselben, die mit kälterem Wasser betrieben wird und noch dichtere Effekte erzeugt. – Diese Episode zeigt: Das Festival hat sich immer Erfindergeist und Kunsthandwerk verpflichtet gefühlt, entweder indem es traditionelle Verfahrenstechniken bewahrte, industrielle Erfindungen für künstlerische Zwecke nutzte oder ganz neue Richtungen einschlug. Die bewahrende Funktion des Festivals wird da oft übersehen, obwohl es häufig vom Vergessen bedrohtes Kunsthandwerk ausstellt, um es lebendig zu halten. Viele dieser Techniken werden dabei von Land zu Land vermittelt. So hat das Atelier Kaba (Team Zoo) mit Roherde experimentiert, wie sie gleichermaßen in Japan und in der Provinz Sologne in Frankreich verwendet wird *(Jardin de terre, [Erdgarten,* 1994–1995]). In *Sillon romand (Romanische Furche,* 1996) haben Designer aus Lausanne die »planon« genannte bäuerliche Technik angewandt, bei der Pappel- oder Weidenzweige direkt in eine Hecke gesteckt werden. Das Flechten von Weidenzäunen stammt aus früher Römerzeit und wird heute hauptsächlich zur Befestigung von Bepflanzungen an Uferböschungen und Straßenrändern verwendet. In Chaumont wurde diese Technik von Studenten der Ecole méditerranéenne des jardins et du paysage de Grasse in Zusammenarbeit mit dem Designer Arnaud Maurières zur Schaffung seines wunderschön angeordneten *La rizière (Das Reisfeld,* 1997) verwendet. »Froissartage«, eine moderne, von dem Künstler Michel Froissart 1930 erfundene Methode, dient dazu, Holzstücke aller Art zu verschiedensten Zwecken zusammenzufügen, sei es zu Möbeln oder zu Brücken. Jeder Pfadfinder kennt diese Methode. In Chaumont führte sie der Architekt Harold Schmitt ein, um eine Hängebrücke über einen Dschungel von Farnen zu bauen: *Passerelle dans la jungle (Dschungelsteg,* 1996).

Die Kunst des ornamentalen oder figuralen Bepflanzens von flachen oder gewölbten Beeten, die *Mosaïculture* (als »Teppichbeet« im 17., 18. Jahrhundert beliebt) hat 2001 ein ganzes Gartenjahr inspiriert. Recycelte industrielle Technik sah man 1996, und zwar im Rahmen von *Ist Technologie poetisch korrekt?*. Eric Ossart benutzte in diesem Jahr Gabions – Steinpakete, die in Maschendraht eingeschlossen werden und beim Dammbau ebenso Verwendung finden wie beim Befestigen von Hängen –, um mediterrane Ruinen, einen Sarazenenturm und römische Fragmente darzustellen.

In Chaumont hat aber auch moderne Technologie eine Reihe von Highlights hervorgebracht, darunter das aus Kevlarfaden gewirkte Baumfloß des Schweizer Forschers Gilles Ebersolt *(Radeau des cimes [Baumwipfelfloß,* 1996]), von Patrick Blanc als Pergola für eine Kollektion von Schlinggewächsen adaptiert. Aus einer persischen Erfindung zum Auffangen von Tau, die auf den Kanaren noch in Gebrauch ist, wurde ein schönes Muster aus Gazekegeln in *Mignonne, allons voir si la*

Atelier Kaba (Team Zoo) nennt sich eine Gruppe japanischer Architekten, die Hierarchien, Formalismen und Ideologien ablehnt, die Verbindung aus altem Sagengut und moderner Technologie jedoch pflegt. Hier ihr Werk *Jardin de terre (Erdgarten,* 1994–1995).

rosée … (Liebling, lass uns nachsehen, ob der Tau …, 1998). Der Architekt Edouard François, berühmt für seine Blumentürme, in denen er Gebäude und Pflanzen verwebt wie im Château Le Lez-Appartementkomplex in Montpellier, hat oft in Chaumont experimentiert und hier gemeinsam mit seinem britischen Kollegen Duncan Lewis *La serre molle (Das sanfte Gewächshaus,* 1998) errichtet: Plastikfolie wurde über Bambusstöcke drapiert, die sich in alle Richtungen lehnten, was sich wie in einem Gemälde von Dali ausnahm.

In Chaumont werden Techniken häufig als Modelle mit Vorbildcharakter in ökologischer wie ökonomischer Hinsicht angeboten. Die *Gärten für Bangladesch* von Helen Keller International (HKI) waren ein sich selbst erhaltender Hausgarten von den monsundurchtränkten Schwemmlandebenen im Golf von Bengalen. »Hausgärtnern« ist ein von HKI gefördertes Programm, um armer Landbevölkerung zu helfen, Gemüse zu züchten, das reich an Vitamin A ist (Kürbis, Zucchini, Blattgemüse, Karotten, Süßkartoffel …). So werden Mangelkrankheiten bekämpft, die jährlich den Tod von zwei Millionen Kindern verursachen und 350 000 Menschen erblinden lassen. Eine andere Installation trug dann auch den direkten Titel *A quoi sert ce jardin? (Wozu dient ein Garten?,* 1995). Diese Frage beantwortete das dazugehörige ökologische Modell: Es zeigte, wie man Trinkwasser gewinnt, indem man Wasser durch eine Reihe von Brunnen schleust, die mit Filterpflanzen bewachsen sind. Diese Techniken werden im Terre-Vivante-Zentrum in den französischen Alpen regelmäßig benutzt, einer Einrichtung mit Gärten, die von Gilles Clément entworfen wurden. Clément, nimmermüder Erforscher der Möglichkeiten von Pflanzen, plädiert seit langem für seine Vision eines lokal-globalen Diskurses: »Jedes Stück Erde ist ein Stück der Erde, jeder Garten ist Teil eines viel größeren Gartens – des ganzen Planeten.«[4]

Oben Die *Gärten für Bangladesch* von Helen Keller International (1999) sollen zeigen, wie die Familien bengalischer Bauern traditionelle Bau- und Bepflanzungs-Methoden einsetzen und sich dadurch selbst erhalten können.

Links Für *Gabions* (1996) benutzte Eric Ossart eine übliche Bautechnik, um poetische Stimmung zu erzeugen. Eine Vielzahl silbrig belaubter Pflanzen ergänzte das Spiel mit dem Licht auf den künstlich romantischen Ruinen.

Rechteckige Gärten

l'art du potager en carrés 1999 Jean-Paul Collaert und Jean-Michel Wilmotte, Frankreich

In den 1960er Jahren begann in Santa Cruz, Kalifornien, ein Gärtner namens Alain Chadwick mit organischen Methoden zu experimentieren, um die Erträge von Heimgärtnern und Bauern zu steigern. Mitte der 1970er Jahre kopierten viele seine Techniken – im Miniformat, in Gartenbeeten. Als Vorbilder galten der Philosoph Rudolf Steiner und sein biodynamischer Ansatz wie auch experimentelle Gärten außerhalb von Paris in den 1890er Jahren. Sie wurden von denselben französischen Marktgärtnern bepflanzt, die bereits 1869 von dem englischen Gartenbaukünstler William Robinson für ihre »sehr frischen« Produkte bewundert wurden, die sie auf den »besten und gründlichst kultivierten Gartenflächen zogen, die ich je gesehen hatte«. Diese Gärtner produzierten bis zu acht verschiedene Gemüse jährlich in einem einzigen kleinen Beet. Eines der vielen Westküsten-Bücher über dieses Thema war von Mel Bartholomew und trug den Titel *Square Foot Gardening*.[5] In Frankreich wirkte Jean-Paul Collaert, früher selbst Gärtner in der Dordogne, inspirierend. Zu einem der führenden Garten-Schriftsteller avanciert, entwickelte Collaert zusammen mit Eric Pradine eine zeitgenössische Version dieses Gartens und ein Buch, das sie beschreibt. Beide tragen den Titel *L'art du potager en carré (Die Kunst, einen rechteckigen Küchengarten zu bepflanzen).* Es gibt sie immer noch, die kleinen Beete mit hochwertiger Erde, die sich im Frühling rasch erwärmt und eine schnelle Neubepflanzung möglich macht, gleich nachdem die vorhergehende Gemüsesorte saisonbedingt geerntet ist.

Der Garten, den Collaert in Chaumont anlegte, war auffallend schick, was von den glänzenden Metallcontainern herrührte, die dem Atelier des bekannten französischen Architekten Jean-Michel Wilmotte entstammten. Der in Paris vor allem für seine *Mur pour la paix* auf dem Champs de Mars bekannte Wilmotte hat

In den 1970er Jahren ließen sich die Kalifornier von den nachhaltigen Gartenbaumethoden der französischen Marktgärtner des 19. Jahrhunderts inspirieren. Heute haben Jean-Paul Collaert und Eric Pradine diese Methode nach Frankreich zurückgebracht.

Gegenüber Der Architekt Jean-Michel Wilmotte schuf fantasievolle Strukturen für diesen Gemüsegarten. Sie beweisen nicht nur, dass er sein Handwerk hervorragend beherrscht, sondern auch seine Meisterschaft im Umgang mit filigranen Formen.

Ganz rechts Das Anlegen rechteckiger Gemüsegärten in erhöhten Beeten bietet viele praktische Vorteile, einschließlich der Erleichterung der Gartenarbeit für ältere Personen, sowie der Möglichkeit, jede Pflanze mit all dem zu versorgen, was sie am meisten braucht.

auch Teile des Louvre und des Elysée-Palasts restauriert. Für den Garten in Chaumont hat Wilmotte Vorrichtungen erfunden, die es erlauben, einige der Rechteck-Beete zu beschatten, andere mit Glas abzudecken, einigen Gitter und Rahmen zu verpassen und alle nach ihren individuellen Bedürfnissen mit Sickerwasser-Schläuchen zu bewässern. Diese etwa 1,2 Quadratmeter großen Container wurden wiederum in neun Rechtecke unterteilt, auf denen jeweils ein anderes Saatgut ausgebracht war. Collaert wirbt seit langem für das Vermengen von Blumen, Kräutern und Gemüsepflanzen, sowohl wegen dem Begleitnutzen, als auch aus rein dekorativen Gründen. Hübsche Patchwork-Muster entstehen, wenn man, wie Collaert, purpurfarbenes Basilikum, herausgeputzten Bataviasalat, riesigen Blattsalat, Borretsch (wegen seiner strahlend blauen Blüten), vielfarbige Kohlsorten, Pfeffer, Fenchel, Erdbeeren, Auberginen und Schnittlauch, *Golden Teepee*-Bohnen und eine F1-Tomatenkreuzung mit dem – zum futuristischen Design passenden – Namen *Supersonic* nebeneinander anpflanzt.

Die Mauern Palästinas

murs de palestine 2000–2002 Bruno Marmiroli, Walid azme al-Houmouze, Patrick Genty, Veronica Alcacer, Frankreich und Palästina

Terrassenförmig angelegte Landschaften findet man von China quer durch den Mittelmeerraum bis nach Südamerika. Bauern bauten beim Roden von Land kleine Mauern aus Steinen, die sie vom Boden aufsammelten, und gewannen auf diese Weise Ackerland. Andy Goldsworthy, der dieses Handwerk von den Bauern in Cumbria lernte, hat Trockenmauerkonstruktionen in Kunstwerke verwandelt. Ein Team aus Chaumont hat sich im Rahmen des »Mission 2000-Projekts« der französischen Regierung in Palästina erstmals daran versucht. Mit Unterstützung einheimischer Arbeiter schuf man fünf »Terraces of the Nativity« (Terrassen der Geburt) im Artas-Tal, wozu 5000 Quadratmeter Stein benötigt wurden. Jean-Paul Pigeat übertrug das Projekt Bruno Marmiroli, der damals für ein palästinensisches Ministerium arbeitete und alte Kulturstätten in der Nähe von Bethlehem restaurierte, während er seine Doktorarbeit in Anthropologie schrieb. Chaumonts technischer Direktor Patrick Genty organisierte die Bepflanzung mit Zitronen-, Feigen- und Olivenbäumen. Der palästinensische Steinmetz Walid azme al-Houmouze und sein Team widmeten sich dem Aufbau. Nachbarn stifteten alte Olivenbäume und Lastwagenladungen voll Dünger, sowie reichlich Hilfe und Ratschläge. Yasir Arafat weihte die Ausstellung im November 1999 ein, und man war sehr hoffnungsvoll, doch die darauf folgenden Ereignisse verhinderten weitere Entwicklungen wie die Gründung einer Schule für Landschaftsarchitektur in Jericho oder ein zweites Projekt in Nazareth.

Links oben Chaumonts erster Versuch, Trockenmauern zu bauen, fand in Palästina statt. Das dafür gewählte Gelände im Artas-Tal befindet sich nahe den Teichen Salomons: riesigen Zisternen, die man vor rund 2000 Jahren ausgrub.

Oben Mittelmeerpflanzen wurden sorgfältig ausgewählt, um den Eindruck einer wilden, urwüchsigen Landschaft zu erzeugen – was durch die spitzen Metallobjekte der Künstlerin Veronica Alcacer noch betont wurde.

Links Das französisch-palästinensische Team, das von Chaumont aus arbeitete, versuchte den Terrasseneffekt auf flachem Boden zu erzeugen, indem es alte Bautechniken anwandte.

Gegenüber unten Diese terrassenförmigen Gärten waren als Teil eines Millennium-Friedensfestes gedacht, und zwar gemeinsam mit den von Gärtnern des Conservatoires in Bethlehem, Palästina, und in Nazareth, Israel, geplanten Projekten.

Im Jahr 2000 schuf Marmiroli, der immer noch im Nahen Osten tätig war, den palästinensischen Garten in Chaumont. Walid azme al-Houmouze reiste aus Palästina an, und im März begannen drei Wochen intensiver Arbeit. Das Resultat war eine konzentrierte Landschaft von großer Schönheit, deren mineralische Schwere durch die Installation von Filtern aus Hebron-Glas – eine Arbeit der Künstlerin Veronica Alcacer – von Licht durchdrungen wurde, was sie zudem in eine Skulptur verwandelte.

Patrick Genty – nunmehr Miramolis Partner in einem Designunternehmen – durchmengte graublättrige Pflanzen mit blauen und weißen Blumen, um das typische Farbenspiel mediterraner Landschaften zu erhalten: einjährige blaublütige Salbeigewächse *Salvia patens* mit dem des weniger bekannten *S. patens »Weiße Trophäe«,* dem wildwuchernden *S. uliginosa* in Verbindung mit duftender Nicotiana, verzweigtem Heliotrop und *Anthemis »Filament d'argent«*. Dazu wurden Knollen und Gräser der *Gladiolis callianthus »Murieliae«* sowie *Pennisetum villosum* ausgewählt. Man konnte auf den Mauern entlangspazieren wie auf Ruinen in unbekanntem Gelände; allerdings führte dieser Pfad nirgendwohin, weil er nicht Weg, sondern Ende in sich war, das erforscht und bewundert werden wollte.

Murs de Palestine wurde für das Festival 2002 als Friedensappell an einen der größten Krisenherde der Welt erhalten.

Die hohlen und bewachsenen Räume, die Kurven und Ecken dienen hier dem Design, während sie in einer mediterranen Landschaft mit der Topographie verschmelzen und sich jede Terrasse von der anderen unverwechselbar unterscheidet.

Oben Der Palästinensische Garten in Chaumont schlug einen aufregend exotischen Ton an und wirkte wie das Fragment einer fremden Landschaft, die man ins Loire-Tal verpflanzt hatte.

Links Bruno Marmiroli glaubt, dass den meisten Architekten der Kontakt zu ihrem Material fehlt. Trockenmauerbau erfordert in jedem Fall die genaue Untersuchung jedes einzelnen Steins.

Fusionierte Gärten

Viele der in diesem Kapitel zitierten Gärten könnte man »fusionierte Gärten« nennen, was die Vermischung ihrer weltweiten Ressourcen und Bezüge betrifft. Dieser Ausdruck vermittelt eher das Schmelztiegel-Modell als das eines aus einzelnen Teilen bestehendes Mosaiks. Es gibt auch andere ausdrucksvolle Metaphern für »Vermischung«. »Weben« inspirierte drei junge Frauen der Ecole nationale supérieure de création industrielle (ENSCI): Eve Girardot, Laeticia Anglade und Sophie Breuil nannten ihren Garten, der 1999 in Chaumont ausgestellt wurde, *Mé-tissage* (aus »métier«, Handwerk, und »tissage«, Weberei). Sein Titel war ein bewusstes Wortspiel mit »métissage«, was in der Tierzucht soviel wie »Kreuzzüchtung« bedeutet und an die Vermischung der menschlichen Rassen erinnert. Kulturpflanzen wurden in Bändern und Streifen auf einer Vielzahl von Geo-Textilien gepflanzt, die die verschiedenen Bodenbeschaffenheiten der Erde darstellten. Auch Richard Weller betrachtet »Landschaft als Materialstruktur und Gewebe, in dem natürliche und synthetische Fäden neue Materialien und neue Identitäten – hybride Produkte – formen«.

Eine Ausstellung des Jahres 1994 in Chaumont erinnerte daran, dass Globalisierung bereits seit Jahrhunderten stattfindet. Die berühmte Kollektion der Blumeninsel Mainau in Deutschland präsentierte *Mappemonde (Weltkarte)*. Hierbei umgaben Pflanzen aus fünf Kontinenten einen riesigen Globus: sommerblühende Blumen wie Begonien für Nord- und Süd-Amerika, blauen Lobelien für Europa, Blutblatt für Afrika und so weiter. Diese Schau zeigte auch Gärten, die Graf Lennart Bernadotte rund um die Pflanzenkollektion seines Urgroßvaters, die dieser bereits seit 1853 aufgebaut hatte, installiert hatte.

Reisen und Gärtnern – sich fortbewegen und Land bebauen – sind offensichtliche Gegensätze, die dennoch viel miteinander zu tun haben. In diesem Zusammenhang bieten Gartenfestivals neue Wege an, rund um die Welt zu reisen und doch am selben Platz zu bleiben.

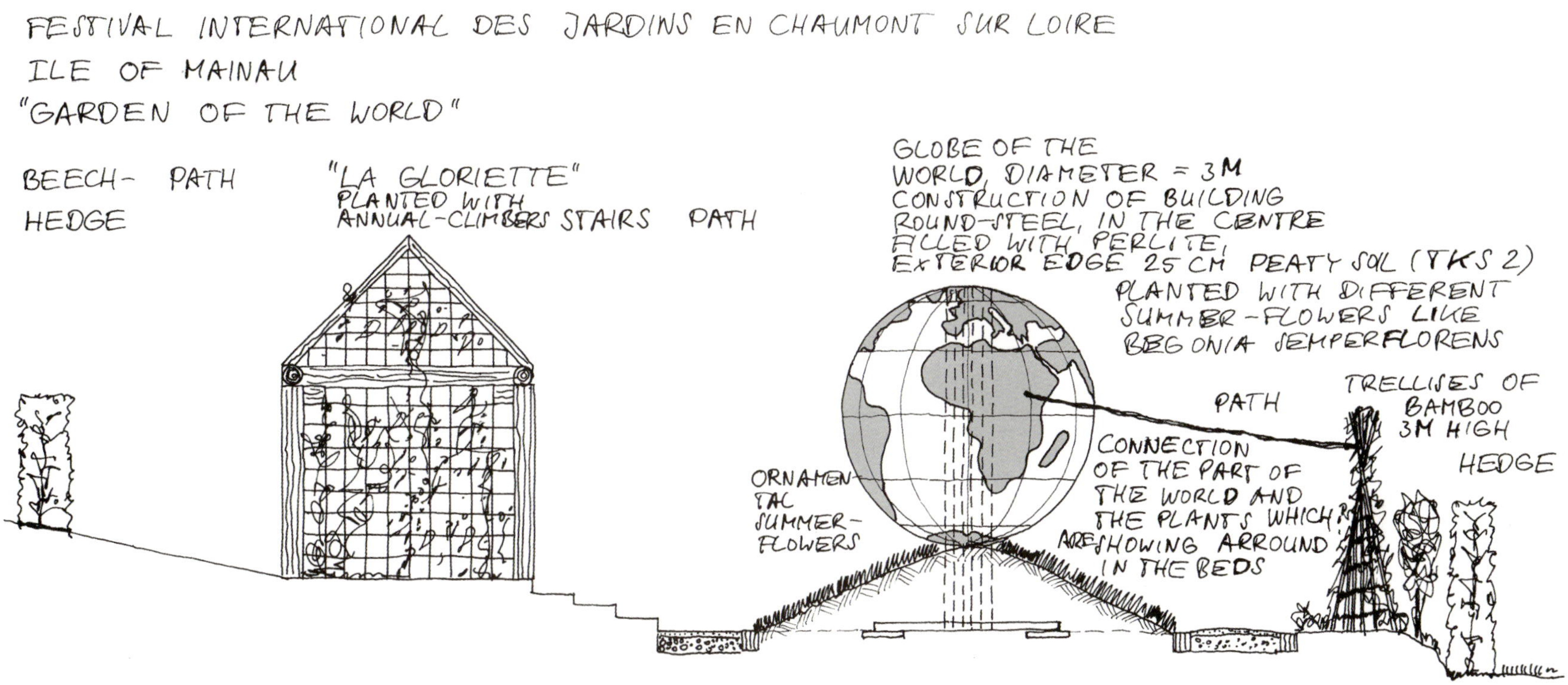

Oben Der botanische Garten der Blumeninsel Mainau zeigte einen riesigen Globus von etwa 3 Metern Durchmesser auf einer Ausstellungsfläche, auf der auch Fernando Carunchos *Gloriette* nach wie vor gezeigt wurde.

Links Verschiedene Teile des Gartens und des Globus entsprachen verschiedenen Erdteilen: dem mediterranen Europa, Asien, Australien, Neuseeland, Nord- und Südamerika sowie Afrika.

Gegenüber In der Ausstellung *Mé-tissage* (1999) wurden Pflanzenstreifen miteinander verbunden, um mit der Metapher »Weberei« Kommunikation darzustellen. Die wellenförmige Bewegung wachsender Pflanzen wurde durch den sorgfältig platzierten, gebogenen Rattan-Unterbau noch betont.

Gazpacho

gaspatio andaluz 1999 Emmanuel Jalbert, Annie Tardivon, Mahaut Michez, Laurence Delorenzi, Frédéric Reynaud von der Agentur In Situ, Frankreich

Mit *Gaspatio andaluz* zollten die französischen Designer Spanien Tribut, indem sie ein international bekanntes Gericht aus diesem Land beschworen: die berühmte Suppe. Ihr Vorschlag nahm die Form eines Rezepts für 150 000 Besucher an. Die Liste der Zutaten enthielt 13 000 Liter Wasser und ein internationales Gemisch verschiedener Gemüsesorten, angefangen bei chinesischen Gurken bis zu Berner, Genueser, amerikanischen und »schwarzen« russischen Tomaten. Alles wurde in fünfundzwanzig glänzenden Olivenöl-Fässern gezogen, die in einen flachen, mit schwarzem Asphalt ausgelegten, reflektierenden Pool eingesetzt wurden, der 130 Meter Durchmesser und 15 Zentimeter Höhe hatte. Die Fässer, jedes 160 Zentimeter hoch und 70 Zentimeter im Durchmesser, waren mit Terrakottascherben gefüllt, die mit guter Gartenerde bedeckt waren. Edelstahlspiralen, die aus den Trommeln wuchsen und den Anschein gaben, als würden sich letztere auflösen, wanden sich in die Höhe und verbanden sich hier mit dezent angebrachten Seilen – eine Konstruktion, die den wachsenden Pflanzen ungewöhnliche Unterstützung gab. Thailändisches Basilikum und französischer Knoblauch füllten zwei Winkel der Bepflanzungsfläche oberhalb des Pools. Die gesamte Komposition war von spektakulärer Farbenpracht und gedieh gut im Laufe der Saison.

Es gab auch komplexe Spiele mit Raum und Perspektive, wie man sie von Emmanuel Jalbert und Annie Tardivon (Gründer der Agentur In Situ und Absolventen der Ecole nationale supérieure du Paysage in Versailles) erwarten würde: Auf zwei »Sprungbrettern«, die von jeder Seite her reichten und unter den Füßen federten, die Oberfläche aber nicht ganz berührten, drangen die Besucher ins Herz des Wassergartens vor. Die Pflanzen in einer Ecke des Gartens wuchsen über ihre Umgrenzung und breiteten sich über die Weißbuchenhecke bis über den Weg aus. Eine leuchtende weiße Zementmauer durchschnitt den Garten und erzeugte einen Patio-Effekt. Ihre Nordseite war blau gestrichen und lag gegenüber einem schattigen Weg, der mit einer dichten und duftenden Schicht von Olivenkernen belegt war.

Vor allem aber wirkte dieser Garten sinnlich. Starke Licht-Schatten-Kontraste, aufregende Düfte und interessante Texturen – typisch mediterrane Vergnügungen, die den Besuchern Mut machten, zu den nahe gelegenen Restaurants weiterzugehen, um die Suppe selbst zu probieren. Die speziellen Materialien des Gartens (Olivenöl-Kanister und Olivenkerne) gaben dem Thema »Essen« einen besonderen Akzent, während sie das in Chaumont übliche Verwenden von billigem Rücklaufmaterial demonstrierten. Der Willkommenstext endete mit der Einladung, doch von einer Spanienreise im nächsten Jahr zu träumen. Der Fokus dieses Gartens war damit schamlos touristisch, wenn er sich auch über seine eigenen Assoziationen ein wenig lustig machte.

Oben und links Die recycelten Edelstahl-Fässer scheinen sich in dem reflektierenden Pool aufzulösen und winden sich spiralförmig in die Höhe, um den Tomaten Halt zu geben. Die Tomatensorten umfassen eine farbige Mischung aus modernen Kreuzungen und alten Schätzen einschließlich *Banana Legs, Costofuto Genovese, F1 Grinta, F1 Pepe, F1 Pink Debut, Tigerella* und *Yellow River.*

Gegenüber Die Agentur In Situ schuf einen Garten voller überraschender Aussichtspunkte und kombinierte Humor mit technischem Können. Sie gewann die französische Landschafts-Trophäe im Jahr 1997.

Oben *Desert Sea (Wüsten-Meer)* passte dank seiner multikulturellen Ideen und präzise skizzierten Muster zum Thema *Mosaïculture et Co.* des Jahres 2001. Die sinnlich-labyrinthische Wirkung illustrierte auch das Thema *Erotik* des Jahres 2002.

Rechts Anfangs wurden die Besucher eingeladen, den Garten zu betreten und sogar dort zu meditieren, doch viele nahmen die Glaskugeln einfach mit. Deshalb konnte man daraufhin nur einen von außen kommenden, »theatralischen« Blick auf diesen Garten erlauben.

Gegenüber Andy Cao ist der Meister darin, wiederverwertetes Glas als alternatives Landschaftsmedium einzusetzen. 2001/02 gewann er das Forschungsstipendium des Prince Charitable Trusts Rome-Preises für Landschaftsarchitektur.

Wüsten-Meer

desert sea 2001–2002 Andy Cao und Stephen Jerrom, USA

Andrew Thanh-Son Cao kreiert Gärten aus Glas – recyceltem, poliertem und leuchtend farbigem Glas. Mit Hilfe seines Partners Stephen Jerrom entwirft er Landschaften, die alt, neu und zugleich zeitlos sind. Er erzählt, wie Erinnerungen ihren eigenen Garten in Echo Park,

Los Angeles, beeinflusst haben: »Als ich zehn Jahre alt war, zog meine Familie aus dem hektisch-urbanen Saigon auf die Farm meiner Großmutter. Plötzlich war ich umgeben von uralten Bildern: riesigen Reisfeldern, angeordnet wie ein Patchwork-Gitter aus schlammigen Dämmen; die Ernterituale, wenn wir entlang dem Highway Nr. 1 Reis aufschichteten, damit er im diesigen Sonnenlicht trocknete. Es gab auch die Ikonen der Gegenwart: riesige Metallskelette von aus dem Krieg übrig gebliebenen, rostenden Waffen, die die vietnamesische Landschaft bis heute verunzieren. Und ich erinnere mich an die seltsam reflektierende Landschaft der Salzfarmen – ihre surreal glitzernde Weite aus weißen Kegeln, die sich mit dem Licht veränderten. All diese Eindrücke habe ich in meinem Garten umgesetzt.«

Für Chaumont verschifften die beiden 11 Kilometer Manilaseil und 10 Tonnen Glas nach Frankreich, sowohl in Form von Kobalt-Glassteinen wie mundgeblasenen Glasblasen. Sein Garten enthielt immer noch die Bambushaine von Hiroshi Teshigaharas Tunnel. Um drei Seiten platzierte Cao 2 Meter hohe Zäune aus Seilen, »die als Kulisse dienen und alle Elemente zusammenhalten sollten«. In diesem intimen, theatralischen Raum wurde eine Miniaturlandschaft errichtet: leuchtend blaues Wasser, das eine weiße, einsame Insel umgab, die mit stacheligen Kakteen bepflanzt war. Jenseits davon sah man mit kleinen Kakteen und Echeverien bestückte Glaskugeln auf seilbespannten, unregelmäßig angeordneten Sockeln. Deren anmutige Form erinnerten Cao an die Nacken afrikanischer Stammesfrauen oder vietnamesischer Wasserpuppen. Das gesamte Layout spiegelte den Trockengarten von Ryoan-ji in Kyoto mit seinen Sandstrichen wider, die hier durch »Wasser aus Glas« ersetzt waren.

Cao stellte sich die Besucher vor, wie sie sich durch die strahlende Exotik seiner Mini-Labyrinthe bewegten, um »die Erfahrung zu genießen, auf Glas zu wandeln, es brechen zu hören, seine Struktur zu spüren und sich völlig in diese Umgebung zu versenken«. Eine 6 Meter lange Bank bot Gelegenheit, »den intensiven, jedoch beruhigenden Effekt von Kobaltblau zu genießen«. Cao, selbst Anhänger der Meditation, nannte als einer der Ersten die Verwendung von buntem Glas für »religiöse Ikonographie und kontemplative Stätten«. Er stellt sich Glas als künstlerisches Medium in »heilenden Gärten und Landschaftskunst« vor und möchte dabei auch seinen praktischen Nutzen erforschen, wie beispielsweise als Mulch. Trotzdem weist Jerrom darauf hin, dass Caos Arbeit eine »Menge Spaß macht, und wenn man unter die Oberfläche blickt, ist sie außerdem sexy …«.

2

Was Pflanzen können

Der Gartenbau im 20. Jahrhundert war dominiert von englischen Vorbildern – von akribischen Arrangements ausgewählter Pflanzen in penibel abgestuften Tableaus. Die Einfassungen, ein floraler Mix, wurden komponiert wie Gemälde. Bis heute legen Gartenbaukünstler die Betonung auf Pflanzengruppen, wenn auch viele den wilden, in England naturalistisch genannten Stil bevorzugen. Die Malerei liefert nach wie vor ein einflussstarkes Modell: Davon zeugt die erhöhte Aussichtsplattform im Garten des holländischen Künstlers Tor der Linden, die eine ideale Entfernung und einen idealen Blickwinkel bietet, um sich an der Komposition zu erfreuen. Dieser Ansatz des Gartendesigns erfordert eine Distanz zwischen dem Zuschauer und der betrachteten Szene. Er ist per se visuell.

Ein großer Teil moderner Gartenbaukunst perpetuiert diese sorgfältig geplanten Perspektiven, allerdings in einem intimeren Maßstab. Doch größere Anbauflächen werden beliebter. Pflanzenkollektionen werden zusammengestellt, um große Areale zu bedecken und so riesige Inseln künstlicher Wildnis oder idealisierter Landschaften zu schaffen. In Deutschland wurden derartige Pflanzungen anfangs aus umweltpflegerischen Gründen und nach dem Modell wissenschaftlich empfohlener Gruppierungen, wie man sie in der Natur vorfand, entwickelt. Man sagte, die Deutschen schätzten Ökologie, die Briten Ästhetik, und die Holländer hielten die perfekte Balance zwischen beiden. Das hat sich durchgesetzt: Heute wollen die meisten schöne Gärten, seien sie groß oder klein, und dazu ein gutes Gewissen.

Die Franzosen wurden eher als Botaniker denn als Gartenkünstler bekannt, obwohl es viele schöne französische Gartenkollektionen gab, die es verdient hätten, besser bekannt zu sein. Die moderne Generation französischer Landschaftsgärtner besteht aus eingefleischten Gartenkünstlern, die für eine rasante Zunahme spezialisierter Pflanzenschulen gesorgt haben. Zwei, die bereits in den frühen Jahren des Chaumont-Abenteuers dabei waren, zählen heute zu Frankreichs führenden Künstlern: Patrick Blanc und Eric Ossart. Sie sind Frankreichs Antwort auf Piet Oudolf.

Ein Gartenfestival wie Chaumont, notwendigerweise Design und Technik betonend, riskiert den Vorwurf, Pflanzen zu vernachlässigen, auch wenn es Pflanzenlisten in Latein, Französisch und Englisch am Eingang aller Gärten gibt. Doch jeder, der Chaumonts Geschichte verfolgt, wird die beeindruckende Vielfalt der Ausstellungen des Festivals über die Jahre hinweg anerkennen. In den Jahren 1994 und 1999, als die Themen *Akklimatisierung* und *Nichts als Küchengärten!* lauteten, wurde von über 1500 verschiedenen Pflanzenarten und -sorten berichtet. Chaumont hat sogar »Plant-hunting«-Expeditionen nach Chile und Japan organisiert, die von Patrick Blanc geleitet wurden. Die in Chaumont ausgestellten Kollektionen wurden später auf der Pflanzen-Messe in Courson gezeigt, um daraufhin in das Musée Nationale d'Histoire Naturelle in Paris zu übersiedeln. Inzwischen wird der freizügige Bepflanzungsstil von Chaumont – eine Mischung aus Grasarten, einjährigen und mehrjährigen Pflanzen –, der hauptsächlich von Eric Ossart geschaffen wurde, in den Seminaren des Conservatoires gelehrt, und man kann ihn in öffentlichen Parks von Orléans über Limoges bis Bordeaux leicht wiedererkennen. Ossart und Blanc haben beratend an vielen Festivals teilgenommen, auch indem sie gemeinsam an einer Ausstellung wie für *Zingibérales (Zingiberales,* 1995) arbeiteten. Sie eröffnete einen frischen Blick auf exotisches Pflanzendesign, das sonst oft auf uninspirierte Weise in städtischen Gartenanlagen zu sehen ist: Hedychium, Strelitzien, winterharte Bananenstauden und Cannacea.

Gegenüber oben *Zingibérales (Zingiberales,* 1995) von Eric Ossart und Patrick Blanc löste in Frankreich eine Welle dramatisch arrangierter Blattanordnungen aus.

Gegenüber unten *India Song* wurde von Eric Ossart in enger Zusammenarbeit mit Patrick Blanc entworfen. Beide sind unvergleichliche Gärtner, deren Arbeit enormen Einfluss ausübte.

Rechts Mit *Primeval perspective (Urzeitliche Perspektive,* 2000) schufen James Fraser und Tina Febrey mit Pflanzen aus Neuseeland eine surrealistische, vorsintflutliche Vision.

Botanik und Biovielfalt

Primeval perspective (Urzeitliche Perspektive) zeigte eine Kollektion aus *Hoheria*-Sorten (Neuseelandeibisch): *H. angustifolia, H. lyallii, H. populnea* und *H. sexstylosa* wie auch *Molina sp.* (Spanische Pfeifengräser) und den Pseudopanax-Sorten (Scheinginseng) *P. chatamanicus, P. crassifolius, P. ferox.*

Die Parzellen Chaumonts weisen bemerkenswerte Unterschiede an Bodenbeschaffenheit, Höhenniveaus, Baumbestand und Feuchtigkeit auf. Spezielle Pflanzenschulen haben das genutzt, um Kollektionen unterschiedlichster Pflanzen zu zeigen (u. a. Maymou aus Bayonne, 1994, und Pépinières Desmartis für Lagerstroemias, 1995). 1995 stellte der bekannte Wasserpflanzenhändler Latour-Marliac seine atemberaubenden Wasserlilien in einem von verschiedenen Grasarten umsäumten Pool aus. Die Yves-Dupont-Pflanzenschulen wählten eine schattige, feuchte Parzelle samt natürlichem Teich, um ihre Kollektion von Baumfarnen aus Neuseeland und Tansania (1995) zu präsentieren. Zu aller Überraschung überlebte die *Dicksonia antarctica* (Antarktischer Baumfarn) einen Winter mit Temperaturen von -7 °C, weshalb diese Anlage aufrechterhalten wurde und das Festival 1996 bereicherte. Manche Kollektionen orientieren sich an den Ursprungsländern der Pflanzen, darunter die Gärten der Kanarischen Inseln oder der spektakuläre Neuseeländische Wald, den die Agentur Avant Gardener im Jahr 2000 präsentierte. Er war aus *Hoheria* (Neuseelandeibisch) und *Pseudopanax* (Scheinginsengpflanzen) zusammengestellt, die »lange, manchmal wie Haifischzähne aussehende Blätter haben, die Pfeilen gleich zum Himmel schießen«.

In Chaumont hat mit Patrick Blanc, Spezialist für Dschungel-Unterholz und Professor am angesehenen Centre National de la Recherche Sientifique (CNRS), die Tradition des »Plant-hunting« überlebt – wenn auch mit umweltbewusster Vorsicht. Blanc, der vor allem für seine *Murs végétaux* (s. S. 136) berühmt ist, hat seine ersten Arbeiten in Chaumont ausgestellt. Blanc half auch beim Erschaffen vieler botanischer Ausstellungen, einschließlich der *Retour de Valdivia (Rückkehr aus Valdivia,* 1994) und *Folles Ipomées (Verrückte Ipomeen,* 1996). Die Winden-Kollektion, die er darin präsentierte, war eine der größten der Welt und entstand in Zusammenarbeit mit spezialisierten Händlern. Viele Ausstellungsstücke waren Geschenke von weit entfernten botanischen Gärten oder auch Pflanzen, die Blanc selbst in Tansania, Uganda, Guadeloupe und Guyana gesammelt hatte. Blanc feierte seine Lieblingswinden überdies mit einem Lied des Titels *Un peu de botanique (Etwas Botanik),* das er für seinen Freund, den Chansonnier Pascal Héni, schrieb. Viele waren entzückt von den »hinreißenden

Chlorophyllwundern«, die der »tropischen Sonne entgegenwuchsen«. Der Refrain ist eine Litanei fesselnder lateinischer Namen in sechs Strophen.[1]

Links Die Yves-Dupont-Pflanzenschule in Orléans ist u. a. auf Farne wie Dorn- *(Dryopteris)*, Königs- *(Osmunda)* und Frauenhaarfarn *(Adiantum)* spezialisiert. In Chaumont experimentierten sie mit riesigen Baumfarnen *(Dicksonia antarctica)*.

Unten Die Yves Dupont Pflanzenschule lehrt auch, wie man ganze Pflanzengemeinschaften anbaut. Harold Schmitt gestaltete den Steg mit Hilfe der »Froissartage« genannten Technik (s. S. 28).

Amafas

le jardin d'amafas 2001 CIRAD (Centre de coopération internationale en recherche agronomique pour le développement [Zentrum internationaler Kooperation zur Agrarforschung für wirtschaftliche Entwicklung]) mit Patrick Blanc, Frankreich

Der *Jardin d'amafas* zum Thema »Pflanzenreisen« war strahlend bunt und zeigte eine große Vielfalt pflanzlicher Strukturen. Drei Beete stellten Amerika, Afrika und Asien dar – *Am-Af-As*. Das amerikanische Beet war von einem bemalten Zaun aus geflochtenem Holz umgeben, das afrikanische von einem Blech- und das asiatische von einem Bambuszaun. Die Beete zeigten die wichtigsten essbaren tropischen Früchte des jeweiligen Kontinents: die Früchte tragenden Pflanzen standen hoch am äußeren Rand, mittelhohe Knollengewächse wie Maniok und Yamsbohnen wuchsen in der Mitte und niedrigwüchsige Sorten vorne, nahe zum Publikum. Bemalte Metallstäbe verbanden die Beete, um zu zeigen, wie jede Sorte, die im Beet ihres Ursprungskontinents wuchs, »gereist« war und sich weiterverbreitet hatte. Und sie hoben und senkten sich, um zu zeigen, wie Kaffee aus Afrika oder Tee aus Asien sich auch in den jeweils anderen beiden Kontinenten angesiedelt hatte. Dieses Arrangement erzeugte starke visuelle Muster, und gleichzeitig boten die Metallstäbe den Kletterpflanzen Halt. Das Ganze hatte etwas Geheimnisvolles und erzeugte ein Gefühl von Durchdringung und Eingebundenheit.

Gepflanzt wurde das Ganze von Patrick Blanc, Veteran wissenschaftlicher Missionen u. a. nach Neuguinea, Thailand, Bolivien, Madagaskar und Japan. Blanc studierte die Strategien, die Pflanzen anwenden, um sich schwierigen Umgebungen anzupassen. Aber er ist auch Künstler – berühmt für seine türkisgrüne Stirnlocke und die Dschungelmotiv-Hemden, in erster Linie aber für seine Beiträge zum Chaumont-Festival seit 1993, die ihm sein Renommee als Designer eingebracht haben.

Der *Jardin d'amafas* war nicht nur schön, sondern stellte auch ein Statement in Bezug auf Biovielfalt und

Globalisierung dar. Sein Sponsor war das CIRAD, eine französische Organisation, die sich auf Agrarforschung in den tropischen und subtropischen Gebieten der Welt spezialisiert hat.[2] Ihr Ziel ist, die landwirtschaftliche Entwicklung dieser Länder durch experimentelle Arbeit, Ausbildung und Verbreitung von wissenschaftlichem und technischem Know-how in den Disziplinen Ackerbau, Veterinärmedizin, Forstwirtschaft und Ernährungswissenschaft zu fördern. Die Experimente des CIRAD mit genetisch manipuliertem Pflanzengut haben allerdings bewirkt, dass einige ihrer Gewächshäuser von französischen Bauern zerstört wurden. Die Stiftung beharrt jedoch darauf, dass Forschung die erste Vorsichtsmaßnahme sei, die man im Hinblick auf neue Technologien, die ihrem Anspruch nach den Ackerbau nachhaltig bereichern können, ergreifen muss. Beim Festival 2001, das dem Thema *Mosaïculture & Co.* gewidmet war, präsentierte die ungemein symbolische und sinnliche Ausstellung des CIRAD den globalen Austausch in äußerst positivem Licht.

Oben und links Im *Jardin d'amafas* wurden amerikanische, afrikanische und asiatische Nahrungspflanzen ausgestellt, die in drei inselartigen Beeten angelegt waren. Das afrikanische Beet war umgrenzt von einem Blechzaun, das asiatische mit Bambus, das amerikanische mit Holzlatten. Bunt bemalte Metallstäbe verbanden die Beete miteinander und zeigten, wie Pflanzen aus einem Kontinent in einen anderen »gewandert« sind; der Garten bot auf diese Weise ein überzeugendes Symbol von Pflanzenaustausch als globalem Mosaik.

Gegenüber Unter den vielen essbaren Pflanzen aus der ganzen Welt, die in diesen Beeten wuchsen, waren die rotblättrigen Zuckerrohrpflanzen am eindrucksvollsten.

Das CIRAD betreibt Forschung auf dem Gebiet des tropischen Ackerbaus, und manche ihrer Ansätze sind umstritten. Die Aussage dieser Installation wurde durch starkes Design vermittelt, das strenge Linien und sinnliches Vergnügen verband.

Pflanzenauswahl

Alpina galanga Cyperus
Ananas comosus Ananas
Annona cherimola Rahmapfel
Annona muricata Sauersack, stachliger Rahmapfel
Annona reticulata Netzapfel, Ochsenherz
Artocarpus integrifolia Jackfruchtbaum
Carica Papaya Papaya
Citronella gongonha Citronella
Curcuma longa Gelbwurzel, Kurkuma
Elettaria cardamomum Malabar-Kardamom
Eugenia myrtifolia Kirschmyrte
Eugenia uniflora Surinamkirsche
Hylocereus undatus nachtblühende Distelbirne
Litchi chinensis Litchi
Manihot esculenta Maniok, Tapioka
Passiflora edulis Passionsfrucht
Piper nigrum Schwarzer Pfeffer
Psidium guajava Guave
Taro alocasia macrorrhiza Zehrwurz
Saccharum officinarum Zuckerrohr
Solanum quitoense Quito-Nachtschatten

Patrick Blanc, der international renommierte Gartenkünstler und Spezialist für Dschungel-Unterholz, veröffentlichte im Jahr 2002 ein Buch über seine auf vielen Forschungsreisen gesammelten Erfahrungen: *Etre Plante à l'Ombre de la Forêt Tropical (Eine Pflanze sein im Schatten der Regenwälder).*

Garten für einen neugierigen Geist

le potager d'un curieux 1999 Jean-Luc Danneyrolles, Frankreich

Jean-Luc Danneyrolles züchtet seit 1984 alte Gemüsesorten in der Provence. Als Namen für sein Geschäft lieh er sich den Titel eines 1892 erschienenen Buchs über die Ernährungsgeschichte der Welt: *Le potager d'un curieux (Der Küchengarten eines Neugierigen).*[3]

Danneyrolles hat mehrere Bände über Gemüsepflanzen und verwandte Gebiete publiziert und Verbindungen – über Dominique Guillets »Kokopelli Association« – mit internationalen Bewegungen zur Bewahrung von Saatgut hergestellt. Geächtet von der strengen Europäischen Union, hat diese kleine Gemeinschaft, deren erklärtes Ziel die Biovielfalt ist, gegen die uniformierte Saatgutproduktion angekämpft, die von ein paar multinationalen Verbände erzwungen wird.

Im Luberon in der Provence hat Danneyrolles elf steile Terrassen angelegt – mit sehr wenig Kapital und ohne die Hilfe von Chemie oder schweren Landwirtschaftsmaschinen. Er bildet Lehrlinge aus und organisiert Gartenworkshops in Gemeindeschulen, wann immer es Förderungen erlauben.

Als er hörte, dass Küchengärten Chaumonts Thema sein würden, ließ er sofort alles stehen, stieg in seinen Lastwagen und fuhr ins Loire-Tal, wo er herzlich willkommen geheißen wurde: Sein einzigartiges Projekt eignete sich perfekt für das Festival: Die in vier Beeten dargebotenen Pflanzen wurden mit den Elementen assoziiert: Blattgemüse (Wasser), Wurzelgemüse (Erde), Früchte (Sonne) und Blumen (Luft). Im Zentrum stand als Symbol für den Zyklus von Leben und Tod im Garten ein großer, knorriger Olivenbaumstamm, der seit dem Frost im Jahr 1956 tot war. Strahlende Rot-, Gelb- und Blautöne erinnerten an die Farben von Henri Matisse, dessen Bilder seine Gewächshäuser in der Provence als fröhliche Boten der Vitalität schmücken, die der Erde selbst im Winter innewohnt. Sogar die Bodenplatten erinnern bisweilen an ihre provenzalische Herkunft: Kiesel aus dem Fluss Durance, Kalkstein vom Luberon und keramische Fragmente aus dem für Töpferei berühmten Apt. Zu Hause hat Danneyrolles auf diese Weise einmal mit Schülern ein Mosaik lokaler Geschichte zusammengetragen, das Tonscherben aus dem Neolithikum bis heute beinhaltete: Er ist überzeugt, Zukunft habe auf Vergangenheit zu gründen.

In Chaumont zeigte er u. a. alte Postkarten und Andenken zusammen mit altmodischen Symbolen und Gartengeräten, darunter sogar Hammer und Sichel: »Ich habe ein bisschen übertrieben, weil ich einfach nicht aufhören konnte, Sachen zusammenzutragen.«

Danneyrolles Ausstellung in Chaumont war der Versuch, seinen idealen Garten teils humorvoll, teils gefühlvoll, aber immer mit großzügigem Überfluss an Farben, Düften und Geschmacksrichtungen zu gestalten. In einem »Manifest«, das er zu diesem Anlass geschrieben hat, beschwor Danneyrolles einen «Garten der Zukunft, in welchem Kunst, Wissenschaft und Religion, Geist und Materie die Trennung zwischen Kontinenten und Disziplinen überwinden werden«.

Oben Danneyrolles verwob sinnlichen Reiz, Praktikabilität und Humor. Sein *Geflügelter Sieg* war aus einer Gießkanne gemacht.

Links Blumen, Kräuter und Gemüse zu mischen, ist typisch für den französischen Landhausstil des 19. Jahrhunderts, den man in Hausgärten immer noch sieht. Die Kokardenblume ist hier ein Klassiker.

Gegenüber Danneyrolles farbenreiche Pflanzenpalette bewies sein kontinuierliches Engagement für Biovielfalt. Sein Talent für das Mitteilen und Lehren drückt sich auch darin aus, dass er alles sorgfältig gekennzeichnet hat.

Die Bepflasterung im *Potager d'un curieux* bestand aus einer Ansammlung prähistorischer bis moderner Keramik und Flaschenscherben. Für Danneyrolles muss die Zukunft immer auf der Vergangenheit gründen.

Der Geräteschuppen war ebenfalls ein Miniatur-Museum, in dem sowohl Garten- wie auch Landwirtschafts-Symbole – sogar Hammer und Sichel! – zu sehen waren. Manche beschreiben Danneyrolles Farben als mexikanisch oder provenzalisch, doch für ihn selbst sind sie universell.

Pflanzenauswahl

Acanthus mollis Pracht-Akanthus
Acanthus spinosus Stachliger Akanthus
Achillea aegyptica Griechische Schafgarbe
Achillea ageratum Süße Schafgarbe
Achillea millefolium (Yarrow) Wiesen-Schafgarbe
Allium ampeloprasum Acker-Knoblauch
Allium cepa »Patate« Schalotte
Allium chinensis Chinesische Zwiebel
Allium fistulosum Winter-Zwiebel
Allium porrum Winter-Lauch
Allium ramosum Ästiger Lauch
Allium senescens montanum Berglauch
Allium schoenoprasum Schnittlauch
Allium ursinum Bärlauch
Alyoisia triphylla Zitronenverbene
Althaea officinalis Echter Eibisch
Anethum graveolens Dill
Angelica archangelica Echte Engelwurz
Anthriscus cerefolium Garten-Kerbel
Arctium lappa Große Klette
Artemisia abrotanum Eberraute
Artemisia absinthum Absinth
Artemisia dracunculus Estragon
Asperula odorata Waldmeister
Atriplex hortensis Spanischer Salat
Atriplex hortensis ssp. rubra Garten-Melde
Beta vulgaris ssp. rapacea Mangold
Beta vulgaris ssp. cicla Schnitt-Mangold
Beta vulgaris ssp. maritima See-Mangold
Borago officinalis Borretsch
Brassica nigra Schwarzer Senf
Brassica olearacea acephala Kohl
Chelidonium majus Schöllkraut
Chenopodium bonus henricus Guter Heinrich (Wilder Mehl-Spinat)
Chrysanthemum coronarium Chrysantheme
Cucurbita maxima Riesenkürbis
Cucurbita maxima Squash Moschus-Kürbis
Cucurbita pepo »Blanche de Virginie« Zucchini
Cucurbita pepo »Yellow« Gemüse-Kürbis
Cyclanthera pedata Korila
Cynara cardunculus ssp. inermis Wilde Artischocke
Cynara cardunculus ssp. pulvis Gänse-Artischocke
Filipendula ulmaria Echtes Mädesüß
Foeniculum vulgare Fenchel
Foeniculum vulgare purpurascens Garten-Fenchel
Fragaria »Gariguette« Erdbeere
Fragaria »Louis Gaulthier« Erdbeere
Fragaria »Mara de Bois« Erdbeere
Fragaria »Reine des Vallées« Erdbeere
Fragaria vesca semperflores Walderdbeere
Humulus lupulus Gewöhnlicher Hopfen
Hyperium perforatum Tüpfel-Johanniskraut
Hyssopus officinalis Grannen-Ysop
Ipomea batatas Süßkartoffel
Lactuca sativa »Corne du diable« Garten-Lattich
Lactuca sativa »Grosse Blonde Paresseuse« Garten-Lattich
Lactuca sativa »Langue de Boef« Garten-Lattich
Lactuca sativa »Raphael« Garten-Lattich
Lactuca »Sucrine« Garten-Lattich
Lagenaria vulgaris Flaschenkürbis
Lathrys tuberosus Platterbse
Lavandula vera Echter Lavendel
Levisticum officinale Liebstöckel
Lycopersicon esculentum »Coer de Boef rouge« Tomate
Lycopersicum esculentum »Noire de Cosebeuf« Tomate
Lycopersicum esculentum »Blanche du Quebec« Tomate
Melissa officinalis Zitronen-Melisse
Mentha (10 Sorten) Minze
Myrrhis odorata Süßdolde
Nepeta cataria Katzenminze
Origanum vulgare Wilder Majoran
Oxalis tuberosa Peruanischer Sauerklee
Phalaris arundinacea Rohr-Glanzgras
Phaseolus coccineus Feuerbohne
Physalis alkekengi Wilde Blasenkirsche
Pisum sativum Gartenerbse
Platago coronopus Krähenfuß-Wegerich
Proboscidea arenaria Gämshorn
Rudbeckia laciniata Schlitzblättriger Sonnenhut
Rumex patienta Garten-Ampfer
Rumex scutatus Schild-Sauerampfer
Ruta graveolens Weinraute
Salvia lavandulifolia Spanischer Salbei
Salvia sclarea Mukatellersalbei
Sanguisorba minor Kleiner Wiesenknopf
Saponaris officinalis Echtes Seifenkraut
Scorpiurus vermiculata Skorpionswicke
Smyrnium olustratrum Gelbdolde
Stachys affinis Chinesische Artischocke
Symphytum officinale Arznei-Beinwell
Tanacetum vulgare Margerite
Tanacetum vulgare »Crispum« Rainfarn
Thymus vulgare Echter Thymian
Thymus serpyllum Sand-Thymian
Valeria officinalis Echter Baldrian
Vicia taba »Verte de Bologne« Pferdebohne
Vicia faba »Violette de Sicile« Pferdebohne
Vigne unguiculata ssp. unfuiculata Katjangbohne
Zea mays Mais

Sinnlicher Gartenbau

Seit der Renaissance wurde die ausschließlich dekorative Landschaftskunst in Nord-Europa präferiert. Heute erforschen Designer alternative Traditionen, die dekoratives und produktives Gärtnern nie getrennt haben und damit alle Sinne ansprachen. In mediterranen Ländern etwa dienen ein und dieselben Pflanzen dekorativen Zwecken, werden als Windschutz, für den Haushalt sowie medizinisch und kulinarisch verwendet. Multisensuelles Gärtnern hat sich in letzter Zeit etabliert, weil es ein intensiviertes Gartenerlebnis bedeutet, das an die Stelle der reinen »Freude am Anblick« getreten ist.

Vergnügen war 1992 das erste Thema des Festivals von Chaumont, im Jahr 2002 hieß es *Erotik im Garten.* In den Presseberichten über beide Ausstellungen zitierte Jean-Paul Pigeat den französischen Philosophen Charles Fourier, der beobachtete, dass »ein Garten ein Ort ist, an dem das Vergnügen seinen Höhepunkt findet«.

Sinnlichkeit im Garten ist auch visuell und beginnt oft mit den Farben. Aus diesem Grund lehnen konservative Landschaftsarchitekten bisweilen Farbe als nicht intellektuell, gefährlich vulgär und oberflächlich wie Zuckerguss auf einem Kuchen ab. Der englische Designer Russell Page, der Farben nichtsdestotrotz liebte, glaubte noch, dass er zuerst Form und Struktur bestimmen und sich erst danach an Farben und Materialien wagen durfte. Doch für den brasilianischen Designer Roberto Burle Marx waren üppige Farben und Formen von Anfang an untrennbar verbunden. Auch Eric Ossart machte verschwenderisch Gebrauch von Farben als einem integrativen Teil der gesamten kreativen Erfahrung: »Ich liebe es, lebende Pflanzen zu ziehen, also organisches Material, dessen Oberflächen zu fühlen, seine Formen, Strukturen, Farben und seinen Duft zu genießen.«[4]

Chaumont, immer unkonventionell, war vom ersten Jahr an auffallend farbenfroh. Spätere Festivals zeigten brillante Mischungen wie Ossarts und Blancs *India Song* (1999), das von dem Holi-Fest der Hindus inspiriert war: Da bespritzt man sich gegenseitig mit farbigem Wasser und bestäubt einander mit farbigem Puder, und den Vorsitz führt ein gelber Elefant. Für das Erotik-Thema des Jahres 2002 wandten viele Künstler scharfe Kontraste aus Schwarz und Rot, unterbrochen von Grün, an. Aber es gab auch eine Menge monochromer Themen-Gärten in Blau, Weiß, Gelb, Rot und sogar in Schwarz. Manchmal erschien eine Farbe in Blöcken angeordnet oder in geometrischer Einfachheit. Weiß, die Abwesenheit einer Farbe, stellt dabei keine Ausnahme dar. Der amerikanische, im Ausland lebende Künstler Mark Rudkin entwickelte einen auffallenden, formalen Kontrast zwischen einem Feld weißer Kosmeen und einer einzigen »White

Lady Linda«-Dalie, die außerhalb der Mitte stand; doch das erforderte Distanz und einen fixen Blickwinkel. Michel und Geneviève Gallais haben 1996 einen schönen weißen Garten in Chaumont ausgestellt, in dem Gräser und scheinbar frei schwebende Blüten mit massiven dunklen Schnittflächen kontrastierten.

Chaumont hat auch Gärten gezeigt, in denen der Duft das vorherrschende Element war. Für seinen Garten *Un jardin de parfums (Ein Garten der Düfte,* 1993) hat Eric Ossart Sonnenblumen, Gladiolen, »Sambac«-Jasmin und einjährigen Tabak zusammengestellt. Seine Erfahrungen mit Tabakpflanzen verdankte er vor allem den eleganten Pflanzenteppichen, die er für das Tabakinstitut in Bergerac in der Dordogne anlegte. Doch Chaumonts größte Errungenschaft sinnlicher Gartenarchitektur war wohl die lange Reihe von Küchengärten, die mit Simone Krolls erstem Experiment im Jahr 1992 begann und 1999 ihren Höhepunkt fand, als sie das vorgegebene Thema waren. Das war Jean-Paul Pigeats handfeste Antwort auf Bemerkungen von Kritikern, die Chaumont als »zu konzeptionell« klassifizierten. Er war eben immer ein Populist. Denn was könnte das Publikum in Frankreich auch mehr interessieren als Essen?

Oben Das indische Holi, Frühlings- und Fruchtbarkeitsfestival zugleich, inspirierte Ossart und Blanc zu *India Song* und wurde als eine »Zeit glückseligen Vergessens« inmitten eines »Tumults von Farben« beschrieben.

Links Für *India Song* verwendete Ossart Fuchsschwanz *(Amaranthus)*, Hahnenkamm *(Celosia spitata)* sowie Dahlien und Gladiolen zwischen farbenprächtigen Geranien *(Pelargonium)* und Studentenblumen *(Tagetes)*.

Gegenüber Susan Child brachte Pflanzenüberfluss und formales Design auf eine Art und Weise in Einklang, die sich auf viele Gartengegebenheiten übertragen ließ. Zedern-»Stative« sorgten für ungewöhnliche Akzente und rahmten das Blickfeld ein.

Düfte und Sinne

ô de fleurs 1999 Rachid Koraïchi, Eric Ossart und Arnaud Maurières, Algerien und Frankreich

Ô ist ein Wortspiel, zusammengesetzt aus dem französischen »eau«, Wasser, und »Oh«, einem Ausruf der Bewunderung. Der Garten wurde von dem berühmten algerischen Bildhauer Rachid Koraïchi in Zusammenarbeit mit Chaumonts Gartenmanager Eric Ossart und dessen Partner Arnaud Maurières geschaffen. Ein Raster von achtundzwanzig schwarz-weißen Keramik-Bassins erhob sich auf Sockeln aus einem Beet duftender Blumen. Ein formeller Rahmen war durch die zwei klassisch kreuz und quer verlaufenden »Flüsse« des Paradiesgartens gegeben, hier durch flache, mit Terrakottafliesen ausgelegte Kanäle dargestellt. Koraïchi war von dem Sufi-Dichter Fariduddin Áttâr inspiriert, der um die Wende vom 12. zum 13. Jahrhundert die *Vogelgespräche* geschrieben hatte. Alle Maße des Gartens waren ein Vielfaches der Zahl Sieben: die Brunnen etwa waren 49 Zentimeter breit und 70 Zentimeter hoch. Die Keramikbassins waren flach wie die nordafrikanischen Gräben, in welchen man Regenwasser für die Vögel sammelt, engelhafte Wesen, die Erde und Himmel bevölkern und die Elemente Erde, Wasser und Luft miteinander verbinden. In jedem dieser Bassins hatte Koraïchi kunstvoll gefasste heilige Texte in Arabisch und Lateinisch eingraviert – rückwärts: Diese Kalligraphie konnte nur mit einem Spiegel gelesen werden, was die Schwierigkeit der Selbsterkenntnis darstellen sollte. Koraïchi wollte so Freude mit Meditation verbinden. Und er suchte nach einer dualen Verbindung, die daran erinnert, dass der den Menschen aus Lehm erschaffende Gott sowohl in der Bibel als auch im Koran erscheint. Die Keramik stammte von Patrick Galtier, der das Manganoxid für das Design erst vor dem zweiten Brennvorgang aufbrachte.

Vier flache Kanäle stellten die Flüsse des Paradieses dar, die sich in einem mit bemalten Kacheln ausgelegten Pool sammelten. Die Designer Ossart und Maurières haben beide ein starkes Interesse an arabischem Gedankengut.

Gegenüber Rachid Koraïchi kombinierte hier zwei seiner bevorzugten Komponenten: Keramik und Kalligraphie. Der algerische Schriftsteller Mohammed Dib schrieb über das Werk, dass »seine Schönheit alten Symbolen neues Leben verleiht«.

Gegenüber rechts Tonscherben wurden zu einer ungewohnten Oberfläche aufgeschüttet, die einen warmen Kontrast zu den kühlduftenden Pflanzen darstellte und angenehm knirschte, wenn man darüberging.

Ossart und Maurières betrachteten diesen Garten als »Gulistan« – einen Garten der Freude aus Farben und Duft. Sie mischten Rosen mit Kräutern, die sie wegen ihres Dufts, aber auch wegen ihrer Schattierungen und Oberflächen wählten. Samtiger, purpurfarbener Salbei und stachlige silberne Currypflanzen litten unter dem überfeuchten Boden und wurden deshalb durch Limonen-Ysop und Kugeldistel ersetzt. Eine Reihe von sommerblühenden afrikanischen Tamarisken auf einer Seite beschützten einen ruhigen, rechteckigen Pool – keine Bewegung gab es hier, nur Spiegelung. Noch mehr

Duft kam von den weiß blühenden Tabakpflanzen und den trompetenblütigen Daturas. – *Ô de fleurs* war eine besonders subtile und sinnliche Inszenierung des Paradieses. Leider währte es nicht ewig …

Pflanzenauswahl

Acidanthera bicolor »Murielae« Gladiole
Citrus limon Zitrone
Cleome hassleriana Spinnenpflanze
Coriandrum sativum Koriander
Mentha rotundifolia Apfel Minze
Mirabilis jalapa Wunderblume
Ocimum basilicum Basilikum
Pelargonium »Attar of Roses« Duftgeranie
Rosa »Chartreuse de Parme« Rose
Rosa »Jardin de Villandry« Rose

Bilder der Sehnsucht, erspäht durch ein Fenster, zeigte
Ettore Scolas Film *Una giornata particolare (Ein besonderer Tag)*.
Die Struktur wirkte wie ein schmelzendes, flüssiges Labyrinth, in
dessen Zentrum die Pflanzen die Objekte der Sehnsucht darstellen.

Pflanzen mit interessanten Strukturen wie Nicotiana wurden viele Male in sich veränderndem Licht reflektiert; ihr Duft wurde dabei von den durchsichtigen Vorhängen eingefangen.

Sanft und leicht

le jardin flou 2002 Pernilla Magnusson, Arola Tous Silvia Vespasiani, Sara Dauge, Luís Bisbe, Alex Aguilar, Spanien

Inspiriert vom Erotik-Thema, haben vier junge Mitglieder der Agentur Beth Gali in Barcelona, der Künstler Luís Bisbe und der Gartendesigner Alex Aguilar *Le jardin flou (Der transparente Garten)* vorgestellt. Gleichermaßen spektakulär und subtil schufen seine in Schichten angebrachten Schleier ein durchsichtiges Labyrinth mit ovalen Gucklöchern, die den Zuschauer einen Blick von dem, was sich dahinter befand, erhaschen ließen. Die Vorhänge wurden zugezogen, um den Himmel auszublenden. Trotzdem nahm der Himmel an dem Schauspiel teil: er schimmerte perl- oder goldfarben hindurch, so dass der Garten durch sein Licht lebendig wurde.

Zuerst wollten die Gartenkünstler – ihr Interesse war in erster Linie »architektonisch und konzeptuell« – nur Schleierkraut verwenden. Doch als sie sich für ein Konzept entschieden, das alle vier Sinne ansprechen sollte, wurden mehr Pflanzen benötigt. Aguilar kam mit Katalogen, um seine Vorstellungen zu untermauern, und damit, meint Pernilla Magnusson, »eröffnete sich eine neue Welt für uns«. Gespenstische Korkenzieher-Weiden nickten von weitem, Zitronenverbenen wehten ihren unvergleichlichen Duft entgegen, während andere Pflanzen wie die Kugeldisteln oder die Weichen Schildfarne sich neugierigen Händen darboten. Der Wind bewegte die höheren Sorten wie Pampa-Gras und erzeugte Klangeffekte. Eine feine Harmonie entwickelte sich zwischen dem Ort und den Pflanzen – ersterer ein liebenswertes, stets sich veränderndes Rätsel, letztere eine Versuchung ersten Ranges.

Das stellte eine umfassende Annäherung an die Erotik dar – was mit einem so großen Team unvermeidlich war. Sie zogen suggestives Design dem Abbilden von Körperteilen vor und favorisierten ein fast bräutliches Weiß vor dem Hintergrund schwarzen, vulkanischen

Bodens. Pflanzen in Grün und Weiß vervollkommneten den monochromen Effekt. Diese Darbietung des weißen Gartens strahlte Eleganz und Geheimnis aus und desorientierte den Bewunderer, der Umriss und Größe des Gartens nicht genau erkennen und nicht mehr zwischen innen und außen unterscheiden konnte.

Jedes Detail wurde vom Team gemeinsam diskutiert. Man entschied sich dafür, zwischen den Vorhängen nur 80 cm Abstand zu lassen, um ein Gefühl der Enge zu erwecken.

Der Grundriss des Gartens war verhüllt und entgrenzt, die Hecken transformiert in dunkle, halb verdeckte Schattenformen. Die Betonung lag auf dem Erlebnisprozess, nicht auf dem Inhalt, und die Suche führte zu keinem bestimmten Punkt, sondern zur Erfahrung sinnlicher Hingabe. Denn »Erotik«, so die Künstler, »ist eher das Streben nach Begehren, das Versprechen eines Vergnügens als seine Erfüllung«.

Das Chaumont-Team, besonders Jean-Luis Montiron, hat dazu beigetragen, eine Fabrik nahe Lyon zu finden, in der Stoffe hergestellt wurden, die den richtigen Grad an Transparenz aufwiesen und doch Licht reflektierten.

Pflanzenauswahl

Zone 1

Artemisia ludoviciana Weißer Beifuß
Gypsophila elegans Sommer-Schleierkraut
Gypsophila paniculata »Bristol Fairy« Rispiges Gipskraut
Limonium latifolium Breitblättr. Steppenschleier
Reseda alba Weiße Resede
Salvia argentea Silberblatt-Salbei
Salvia coccinea Blut-Salbei

Zone 2

Ammi visnaga Zahnstocher-Ammei
Gaura lindheimeri »Madonna« Duftende Engelkerze
Omphalodes linifolia Venus-Nabelnüsschen
Orlaya grandiflora Strahlen-Breitsame
Nicotiana sylvestris Blühender Tabak
Salvia farinacea Salbei

Zone 3

Erigeron karvinskianus Karwinskis Berufkraut
Heliotropium arborescens Weiße Heliotrope
Ricinus communis »Zanzibariensis« Rizinusölpflanze
Silybum marianum Milchdistel

Zone 4

Leymus secalinus Zitronengras
Miscanthus sinensis Chinaschilf
Pennisetum setaceum Afrikan. Lampenputzergras
Stipa tenuissima Espartogras

Zone 5

Antirrhinum majus Garten-Löwenmaul
Cerastium tomentosum Filziges Hornkraut
Lavatera trimestris »Mont Blanc« Becher-Malve
Salix matsudana »Tortuosa« Korkenzieher-Weide
Salix matsudana dito

Voyeurismus war ein beliebter Weg der Annäherung an das Thema Erotik. Eine der abgebildeten Sektionen war zum Berühren, eine andere für den Duft und eine weitere zum Schauen geschaffen, doch die Unterschiede dazwischen verschwammen – sanft und leicht.

Von der Textur zur Architektur

Die komplizierte Tradition der *Mosaïculture* organisierte Pflanzen in flachen oder hügelförmigen Beeten. Für die Installation der Stadt Blois wurden reflektierende Zylinder verwendet, um die Muster verschmelzen zu lassen und vertikale Kontraste zu schaffen.

Ein gegenwärtig sehr beliebter Bepflanzungsstil ist die Blumenwiese: fein strukturiert und detailliert, in sich jedoch formlos. Ein Rahmen ist deshalb unbedingt nötig, ob durch gemähte Pfade oder durch vorhandene Topographie, wie etwa kontrastierende, vertikale Strukturen. Am anderen Ende der Skala befindet sich der neue Minimalismus, der meist durch ausgeprägte Konstruktionen und mineralische Elemente definiert ist und – wenn überhaupt – nur wenig Pflanzen aufweist. Ähnlich wie der »Neue Klassizismus« oder das »modernistische« Garten-Revival zitieren Minimalisten oft die formalen französischen Gärten des 17. Jahrhunderts.

Chaumont hat viele Wiesen gezeigt. Michel Boulcourts *Jardin d'Eden (Der Garten Eden,* 1992) präsentierte auf den ersten Blick ein einfaches Feld rings um einen Apfelbaum: eine Mischung aus Weizen, Gerste und Federborstengras war verstreut bepflanzt mit Amaranth, Limonium, gemischten Kosmeen und Ringelblumen. Auf den zweiten Blick sah man eine Schar von dünnen Kohlefaser-Stäben, die das Licht auffingen und sich mit den Gräsern im Wind bewegten. Die Stadt Lausanne präsentierte 1996 die Installation *Sillon romand (Romanische Furche)*, die ein gepflügtes Feld zeigte, mit Rasenstreifen auf der einen und wilden Wiesenpflanzen (Salbei, Chicoree, Kornblumen, Mohn und Gänseblümchen) auf der anderen Seite. Dieser Kontrast rebellierte gegen das reglementierte Stadtleben im Vergleich zur Freiheit auf dem Land. Hohe, aufrecht stehende Spiegel sorgten für vertikale Akzente und machten es möglich, beide Seiten gleichzeitig zu sehen.

Minimalistische Gärten verwenden oft nur eine Pflanzensorte, dennoch lassen sich Aussagen über Wachstum und Vielfalt treffen. Der Garten *Histoire d'agaves (Die Geschichte der Agaven,* 1994), den Studenten der Ecole d'Architecture et de Paysage in Bordeaux geschaffen haben, zeigte die Anpassung dieser Sorte an drei unterschiedliche Umweltbedingungen: kompakten Basalt, Tontöpfe und von Wasser umgebene Tröge. Nachdem sie in Chaumont die Vorzüge recycelter Materialien kennen gelernt hatte, schuf die französische Künstlerin Liliana Motta in *Une idée (Eine Idee,* 1998) Säulen aus Plastikflaschen, die auf Betonstangen aufgespießt waren. Mit – manchmal farbigem – Wasser gefüllt, wurde mit dieser Konstruktion eine üppige Kollektion von Vogelknöterich bewässert.

Es existieren viele Mittelwege zwischen den beiden Polen »Wiese« und »Minimalismus«. Im Jahr 2000 wurde der faszinierende Garten *Traces: liberté d'aurore (Spuren: Freiheit der Morgendämmerung)* von einem Künstler, einem Gartendesigner und der gefeierten Gartenkünstlerin Martine Lemonnier geschaffen, die die französische Nationalkollektion von Christrosen und Scheinmohn betreut. Wie ein Blatt geformt, alternierten in diesem Design Streifen von blauem Glas und Kieselsteinen mit reichen Pflanzungen, die von Glaspaneelen mit antiken graphischen Symbolen umgeben waren: Minuziöses Detail verband sich mit starker Grafik.

Eine der Hauptattraktionen der *Mosaïculture et Co.* (2001) waren seine selbst auferlegten geometrischen Umrahmungen, bei denen filigrane Fragmente innerhalb gewagter Strukturen angeordnet waren. Wenn sie, was oft vorkam, mit Formschnittgärtnerei angelegt waren, mischten sich Teppiche und Türme als horizontale und vertikale Elemente – die Verkörperung einer Art »lebenden Skulptur«, ebenso traditionell wie avantgardistisch. Die teilnehmenden Designer empfanden das Thema nicht als Rückkehr zur Stadtparkgärtnerei des 19. Jahrhunderts. Diese Version hatte lediglich dekorative Funktion, während die heutigen Festivalkünstler großen Einfallsreichtum entwickelten, um neue Blickwinkel zu schaffen, die die Betrachter in höherem Maße einbezogen.

Während üppige Bepflanzungen sinnlich wirken, erscheinen konzeptuelle Kompositionen oft kalt. Designer aber lieben den spielerischen Umgang mit abstrakter Form – einschließlich der Sprache. Der Schweizer Künstler Dieter Kienast, Sohn professioneller Landschaftsgärtner, betonte, dass »der äußere Raum ein sinnlicher Ort« sein muss«.[5] Seine höchst intellektuelle Kreation für Chaumont (1996) bestand aus dem Satz *Die Natur existiert nicht,* der auf einer kleinen Schachtel auf einem blassen Holzrechteck geschrieben stand. In noch kleineren Buchstaben stand am Eingang aus Holzstäbchen gebildet das entgegengesetzte Statement: *Hommage an die Natur.* Dieses Paradoxon lud zum Nachdenken ein in einen Garten, in dem Textur und Architektur gleichwertige Rollen einnahmen, wenngleich die Pflanzenvielfalt minimal war.

Oben Daniel Örtli brachte für die Stadt Lausanne Spiegel mitten in Streifen von Wiese und Rasen an, um unterschiedliche visuelle und symbolische Perspektiven zu schaffen.

Rechts Der Grundriss von *Traces: liberté d'aurore (Spuren: Freiheit der Morgendämmerung)* hatte die Form eines Blatts. Mit im Künstlerteam war Martine Lemonnier, die die französische Nationalsammlung von Christrosen und Scheinmohn betreut.

Grasgarten

jardin de graminées 1994 Bob Wilson, USA

Die *New York Times* beschrieb Robert Wilson als »eine überragende Figur in der Welt des experimentellen Theaters und einen Forschungsreisenden, was den Einsatz von Zeit und Raum auf der Bühne betrifft«.[6] Nicht nur auf der Bühne: dasselbe gilt für seine 14 Stationen des Kreuzwegs Christi, die er im Jahr 2000 für die Oberammergauer Passionsspiele in Bayern schuf und 2002 im Massachusetts Museum of Contemporary Art ausstellte. Die Häuser und Möbel der Shaker inspirierten ihn zu diesem Design, das Wilson folgendermaßen kommentierte: »Ich arbeite immer mit einer horizontalen Linie, die Zeit ausdrückt, und einer vertikalen Linie, die – für mich – immer Raum bedeutet … Zeit und Raum sind zwei sich kreuzende Linien, eine Struktur, die die Architektur von allem formt.«[7]

Als Jean-Paul Pigeat Wilson im Jahr 1994 nach Chaumont einlud, war sich der Künstler zwar seiner Sicherheit im Umgang mit Formen bewusst, Pflanzen gegenüber aber noch unsicher. Zum Glück konnte er in dieser Hinsicht auf seinen Freund Marc Rudkin zählen, einen amerikanischen Maler und Gartendesigner, der, wie Wilson, in den 1950er Jahren mit Martha Graham gearbeitet hatte. 1954 sandte Graham Rudkin nach Paris, wo er sich später niederließ und bei der Gestaltung der Gärten des Palais Royal ebenso mitwirkte wie in Giverny und im französisch-amerikanischen Museum des Schlosses Blérancourt. Seine Kreationen sind berühmt für ihre pflanztechnischen Feinheiten und malerischen Farben.

Einmal trafen sich Pigeat und Rudkin mit Wilson auf einer Bühne der Pariser Oper. Gemeinsam arbeiteten sie einen Plan aus, und Wilson zeichnete einen Kreis in das Innere eines tulpenförmigen Parzellen-Grundrisses von Chaumont. Vor Ort bestimmten Rudkin und Ossart dann die Pflanzungen. Man könnte sagen, dass Wilson die

Rechts Bäume, die diese Ausstellung säumten, trugen zum Design bei und schufen vielfältige Lichtmuster, ohne die Bewegung und das Geräusch des Windes zu behindern.

Unten Die Gärtner Mark Rudkin und Eric Ossart gehören zu den ersten Designern, die mit Gräsern in Gartendesigns experimentierten.

Pflanzenauswahl

Arundo donax Pfahlrohr
Lamarckia auroa Goldspitzengras
Miscanthus floridulus Pazifikschilf
Miscanthus sinensis Chinaschilf
Rhynchelytrum repens Rubingras
Setaria Palmifolia Palmblättrige Borstenhirse

Oben und rechts Auf Wilsons Homepage ist zu lesen: »Wilson überschreitet theatralische Konventionen, indem er andere darstellende Künste wie auch grafische Elemente in seine Arbeiten aufnimmt und sie zu einem organischen Ganzen, zu einer Tapisserie aus Bildern und Geräuschen verwebt.« – Chaumont war Wilsons erster Garten.

Architektur und Rudkin die Textur schuf. Der Maler wählte die weichen Farbtöne von Mischgräsern, wie man sie oft in Wiesen sieht. Hier wurden sie selbst zu Architektur, zunächst durch ihr Arrangement im Raum, später durch ihr Wachstum in der Zeit. Die höchsten Gräser wurden um das Zentrum eines Kreises gepflanzt, während die anderen an Höhe abnahmen, je weiter sie von der Mitte entfernt waren. Im Herzen des Gartens stand ein Steinstuhl, den Wilson zu Ehren seines Freundes Mark Rudkin »Mark's Chair« nannte.

Der innere Raum des Gartens entwickelte eine ganz eigene Atmosphäre, dschungelartig und feucht, mit gefilterten Schatten. So entstanden sich ständig verändernde Mäandermuster, die sich immer mehr schlossen, je weiter das Jahr fortschritt. Wilson sah seine Arbeit zum ersten Mal im Juni, als die Pflanzen erst 10 Zentimeter hoch waren. Er war entsetzt – die »Knochen« waren da, aber sie waren noch nackt und ohne »Fleisch«; es dauerte bis September, dann war der Garten bewachsen. »Bob Wilson, ganz verzaubert, verbrachte fast eine Stunde auf seinem Steinstuhl«, schreibt Pigeat. »Er hatte die Bedeutung der Zeit beim Erschaffen eines Gartens entdeckt.«[8]

»Mark's Chair« im innersten Herzen des Gartens war aus rohem Stein, nur die Sitzfläche war poliert. Zum Ende des Sommers war dies ein sehr intimer Platz geworden.

Um einen vertikalen Kontrast zu erzeugen, wurde ein riesiger »Perlen«-Vorhang angebracht, der die wogende Bewegung des Designs spiegeln und an einen Webstuhl erinnern sollte. Überdies war er auch Wasserspender.

Gegenüber Zwei Künstler und zwei Landschaftsarchitekten verwandelten für das *Mosaïculture*-Thema des Jahres 2001 einen Wandteppich in einen horizontalen Teppichgarten. Das Muster des Original-Wandteppichs wurde am Eingang auf Vorhängen, die den Garten von der Außenwelt abschirmten, wiederholt.

Jacquelines Garten

jardin de jacqueline 2001 Eva Demarelatrous, Michel und Geneviève Gallais, Michel Arnaud, Frankreich

Jacquelines Garten war ein Garten der Freundschaft. Eva Demarelatrous, eine Textilkünstlerin und Deutschlehrerin in Westfrankreich, widmete einen ihrer Wandteppiche ihrer verstorbenen Freundin und Kollegin Jacqueline Picault. Weil sie mehr tun wollte, entwickelte sie zusammen mit Michel Arnaud, einem Künstler und Lehrer aus Aubusson in Zentralfrankreich, und Michel und Geneviève Gallais, die kurz zuvor als die besten Gärtner Frankreichs ausgezeichnet worden waren, aus demselben Design eine Bewerbung für Chaumont. Michel Gallais hält regelmäßig Workshops für das Chaumont Conservatoire ab. Er und Geneviève sind zwei der fünf Gärtner, die in der kleinen Stadtgemeinde Marans in Westfrankreich arbeiten.

Nach und nach wurde aus Eva Demarelatrous' Wandteppich ein riesiges lebendes Mosaik, in dem die von Gallais ausgewählten Pflanzen durch markante Linien und wechselnde Effekte betont wurden. Hochgelagerte Beete mit wogenden Oberflächen waren auf einer subtilen Palette von Grundfarben angepflanzt. Vielfältige Texturen, Blätter- und Blütenfarben waren zusammengefügt und lieferten »taktile Erfahrungen«: Teppiche, bestehend aus Edelstahl-Scheuerbürsten, Plastikstreifen, Sisal-Fußmatten, umgedrehte Stücke von Läufern, Schutzfolien aus Plastik, Teile von Isoliermaterial und Unmengen kobaltblauer Glaskugeln. Aluminium-»Flossen« erhoben sich hie und da, und von einem Aluminiumbogen hingen Seile, an denen transparente Plastikbälle baumelten: ein »Kristallvorhang«, aus dem Wasser auf die Pflanzen darunter tröpfelte.

Demarelatrous fabrizierte drei riesige Vorhänge aus dem Originaldesign ihres Teppichs, die vor dem Eingang des Gartens hingen und seine Geheimnisse verbargen. Eingetreten, entdeckten die Besucher dasselbe Design, jetzt umgekehrt –horizontal und strahlend bunt.

Demarelatrous entwarf auch Wege aus zerstoßenen Ziegeln und Kieselsteinen, die in den Garten führten und lebendige Geräuscheffekte und Farbkontraste lieferten. Im Inneren des Gartens schlängelten sich hingegen Pfade aus schwarzem Gummi durch das Mini-Labyrinth, anfangs tiefer gelegt, dann wieder erhöht, um guten Ausblick zu gewähren. Viele leicht zugängliche Pflanzen – wie Minze, Thymian, Basilikum – gaben starke Düfte ab, wenn man sie im Vorbeigehen leicht streifte. Die Gesamtwirkung des Gartens war zuerst Desorientierung, dann Entdeckung und Vergnügen.

Der *Jardin de Jacqueline* war eine dynamische Umsetzung des eigentlich statischen *Mosaïculture*-Themas. Stark definierte Strukturen rahmten eine vielfältig texturierte Kollektion aus Pflanzen und Materialien ein. Diese Ausstellung war gartenbaukünstlerisch variantenreich und technisch genial.

Eine besonders reiche Auswahl von die Grundfläche bedeckenden Pflanzen wuchs zwischen Patchwork-Flecken aus Edelstahl-Scheuerbürsten, Plastiktürmatten, umgedrehten Läufern, Kokosmatten, Plastikschutzfolien und Isoliermaterial.

Pflanzen, wogend auf ihre eigene Art und Weise, sich neigend, sich erhebend wie nach einem vorgegebenen Plan. Die Besucher wurden vom Design selbst hindurchgeführt, sobald sie den magischen Vorhang durchschritten hatten.

Pflanzenauswahl

Acorus gramineus »Ogon«
Kalmus
Alternanthera bettzichiana
Papageienblatt
Begoniax tuberhybrida
Begonie
Beta vulgaris »Mac Gregor's«
Mangold
Carex buchananii
Fuchsrote Segge
Erigeron glaucus Aster
Gazania rigens
»Chansonnette«
Geäugte Gazanie
Helichrysum petiolare
Lakritz-Strohblume
Hypoestes phyllostachya
Hüllenklaue
Imperata cylindrica Chigaya
Iresine herbstii
»Brilliantissima«
Blutblatt
Lamium maculatum
Gefleckte Taubnessel
Lamium maculatum
»Aureum« dito
Lysimachia nummularia
Felberich
Mentha suaveolens variegata
Rundblättrige Minze
Milium effusum »Aureum«
Wald-Flattergras
Ocimum basilicum Basilikum
Ophiopogon japonicus
Japanischer Schlangenbart
Ophiopogon planiscapus
Schwarzer Schlangenbart
Pereskia aculeata
Barbados-Stachelbeere
Santolina rosmarinifolia
Grünes Heiligenkraut
Sanvitalia procumbens
Husarenknopf
Solenostemon scutellarioides
Buntnessel
Stenotaphrum secundatum
Augustingras
Tanacetum parthenium
Mutterkraut
Thymus pseudolanuginosus
Filziger niedergestreckter
Thymian

Michel und Geneviève Gallais haben Chaumont seit der Gründung des Festivals begleitet. Ihre Arbeit als Gemeindegärtner in einer Kleinstadt zeugt von Chaumonts mächtigem Einfluss.

3

Landschaftskunst

John Dixon Hunt schlug für alle Disziplinen von Landschaftsarchitektur über Gartendesign bis zu Land Art den umfassenden Begriff »Außenraumgestaltung« vor. Das schließt auch Gartenfestivals ein. Obgleich ihre Schöpfungen oft als vorübergehende Installationen abgetan werden, verfolgen sie doch dasselbe Ziel, das Hunt der gesamten »Außenraumgestaltung« zumisst: den Wunsch, »Landschaft als Kunst wiedererkennbar zu machen«. Debatten über die Legitimität dessen wandeln sich oft zu engen Beziehungen zwischen menschlichen Konstrukten und wachsenden Pflanzen – was manche als »Kultur« gegen »Natur« missverstanden haben. Amerikanische Landschaftsarchitekten zitieren oft aus Wallace Stevens Gedicht *Anecdote of the Jar*: »I placed a jar in Tennessee,/And round it was, upon a hill./It made the slovenly wilderness/Surround that hill.«[1] Das formale Kunsterzeugnis scheint die Natur zu erobern: »It took dominion every where.« Mit diesem Satz beziehen sich einige Historiker auf das Werk André Le Nôtres. Ein paar seiner geistigen Adepten verbinden Geometrie, Kunsthandwerk und Kunst und beurteilen die Formen der Natur, wenn nicht als »slovenly«, so doch als biomorph. 1991 schrieb der Land-Art-Künstler Richard Long: »Man könnte sagen, meine Arbeiten seien ein Balanceakt zwischen den Mustern der Natur und dem Formalismus abstrakter menschlicher Ideen wie Linien und Kreise.«[2] 1992 schuf James Wines von der Agentur SITE, einer Gruppe von Architekten und Land-Art-Künstlern, in Chaumont die Ausstellung *Entre géométrie et nature libre (Zwischen Geometrie und freier Natur)* und stellte die Linearität der Kunst dem Überfluss der Natur gegenüber.

Die amerikanischen Landschaftsarchitekten Peter Walker und Martha Schwartz haben Jahre damit verbracht, die Verbindungen zwischen Malerei und Landschaftsarchitektur zu erforschen. In ihren Werken wird zuweilen die gesamte Landschaft zu Stevens »jar«: Die Ausstellungsgeometrie beherrscht insgesamt die organischen Elemente. Das Äquivalent im Festival-Kontext ist eine Installation, die Pflanzen überhaupt ausschließt. So hat der Garten *Ciné mosaïc (Kino-Mosaik,* 2001), der künstliche weiße Blumen in einem schwarzen Zelt zeigte, zahlreiche Proteste mit der Begründung, dies sei kein Garten, provoziert. Neuerdings betrachtet man das Kunst/Natur-Verhältnis noch modifizierter: Beide, wird festgestellt, seien »künstlich«. Richard Weller bietet in der Beschreibung seiner Zusammenarbeit mit Vladimir Sitta eine postmoderne Interpretation an: »Die ›Natur‹, wie sie Landschaftsarchitekten verstehen, ist bloß nostalgische, oberflächliche Vorstellung, das Ergebnis einer kulturspezifischen Auswahl … Wir machen uns keine Illusionen darüber, dass Kultur von der reinen Natur erlöst werden muss und umgekehrt. Wir operieren im Bereich des Ent-Naturierten.«[3] Schriftsteller wie Michel Pollan, Augustin Berque und Simon Schama sind sich einig, dass Kultur Teil der menschlichen Natur ist – eine Sichtweise, die unsere Spezies definiert und die Vorstellung von Landschaft mit einschließt. Simon Schama: »Landschaften sind Vorstellungen, projiziert auf Holz, Wasser und Felsen.«

Gartenhistoriker wissen: Was am natürlichsten wirkt, erfordert oft die nachhaltigsten künstlerischen Konzepte – von Lancelot »Capability« Browns Werken bis zu den rezenten Wiesen oder James Wines Garten in Chaumont. Geometrie existiert überall in der Natur. Internationale Gartenfestivals, in deren temporären Installationen Wachsendes und Anorganisches in vielerlei Proportionalitäten und Kombinationen vereint ist, könnten ideale Orte für derartige Experimente sein. Dieter Kienasts Statements »Hommage an die Natur« und »Die Natur existiert nicht« (s. S. 65) sind so gesehen nicht allzu widersprüchlich.

Rechts Manchmal dominieren in Chaumont Objekte dadurch, dass sie wie Wolken über den Hecken schweben: *Ombres et ombelles (Schatten und Dolden,* 1996).

Gegenüber oben Pflanzen wie Agaven haben eine starke Ausdruckskraft, vor allem in ungewohntem Kontext.

Gegenüber unten Schwimmende kleine Körbe, mit Gemüse bepflanzt, werden zu kinetischen Skulpturen in *Le potager dansant (Der tanzende Küchengarten,* 1999).

Strukturen und Skulpturen

Trajectoire (Sonnenbahn, 1999) stellte eine Miniaturlandschaft dar, in der sich ein Kamillenfluss durch Salattäler bewegt. Die hängenden Kürbisse sollten an die Bahn erinnern, die die Sonne im Lauf eines Tages beschreibt.

Viele der Ausstellungen in Chaumont bestehen aus einem überraschenden künstlichen Fokus, umgeben von zwangloser Vegetation: eine Skulptur oder ein Wasserspeicher, die sich aus der Bepflanzung erheben wie Stevens »Einmachglas« auf dem Hügel. Häufig schafft dieses Objekt erst die nötige vertikale Präsenz an einem baumlosen Ort. Die Herausforderung ist, sich darauf einzulassen – selbst innerhalb des unmittelbaren, begrenzten Kontexts einer Festivalparzelle. Der amerikanische Landschaftsarchitekt Robert Irwin entwickelte eine vierstufige Typologie: Arbeiten, die den Ort dominieren; solche, die sich ihm anpassen, obwohl sie künstlich integriert sind; solche, die speziell dafür entworfen wurden; und schließlich jene, die von dem Ort in einem Ausmaß definiert werden, dass sie untrennbar mit ihm verbunden sind.[4]

Stevens Einmachglas war außerordentlich gut übertragbar – einmal klug platziert, konnte er alles verändern. Wobei er weniger den Ort selbst beeinflusste als die Wahrnehmung des Betrachters. Eine zufälligere Anordnung hätte bloßes Nebeneinander erzeugt, ähnlich altmodischen Freiluftmuseen, die Kunstwerke lediglich in einem neutralen Rahmen präsentierten. Das Festival aber ist eine durchdachte Konstruktion, umgeben vom »angenehmen« floralen Dekor.

Manche Chaumont-Künstler multiplizieren ihre Strukturen hoch über die Hecken und gruppieren sie vermeintlich zufällig, de facto jedoch so verblüffend, dass sie allein deshalb schon »außergewöhnliches Design« sind. Erinnerungswürdige Beispiele stellen u. a. die Regenschirme der Ausstellung *Ombres et ombelles (Schatten und Dolden, 1996)*, die roten Stühle des kanadischen Gartens *Le déluge (Die Überschwemmung,* 1998) oder die Hutnadeln in *Entre épingles (Unter Hutnadeln,* 2001) dar. Die Wirkung ist überwältigend, obwohl die innere Kohärenz manchmal leidet und Nachbaraussteller gewöhnlich beeinträchtigt sind.

Gartenkunst hat ihre eigenen durchdachten Strukturen, die Pflanzen eher integrieren als dominieren:

Pergolen und Töpfe. Beide wurden in den Festival-Designs nur allzu oft verwendet. Container wurden eindrucksvolle Vertikalobjekte in Michel Desvignes und Christine Dalnokys *Panier (Korb,* 1994), eine Ausstellung jener Art von Botanisiertrommeln, wie sie üblicherweise von »Pflanzenjägern« verwendet werden, um Pflanzen zu transportieren. Eine dauerhaftere Version dieses Werks ziert inzwischen den Hof von Terminal 3 des Pariser Flughafens Charles de Gaulle.

Auch große Spiegel können einer Komposition Zusammenhalt geben. Robert Smithson ordnete sie horizontal an, so dass sie wie versteckt waren und es unmöglich machten, Realität und Reflexion zu unterscheiden. Die Künstler von Chaumont tendieren eher dazu, Spiegel senkrecht aufzustellen; vielleicht aufgrund der generellen Notwendigkeit, Vertikalebenen in die Ausstellungsflächen zu integrieren. Ein Beispiel, bei dem Spiegel verwendet wurden, trug den bezeichnenden Titel *Jardin de l'artifice naturel et de la nature artificielle (Garten der natürlichen Künstlichkeit und der künstlichen Natur,* 1994).

Heutzutage geben Freiluftmuseen oft Arbeiten in Auftrag, die untrennbar mit ihrem Aufstellungsort verbunden sind. Ein Gartenfestival legt dies von seiner tiefsten Natur her eigentlich nahe. Aktuelle Land Art ist unter Festivalkonditionen schwieriger zu erschaffen, doch mit *Trajectoire (Sonnenbahn,* 1999) wurde eine Miniaturlandschaft aus Hügeln geschaffen, bewachsen von Petersilienteppichen, umgeben von Kamillenflüssen. Eine derartige Ausstellung ist nicht nur lebendig, sie entwickelt sich auch über den Sommer. Zeit und Wachstum werden Teil des Themas und nähern es dem traditionellen Garten an.

Oben und rechts In *Ailleurs (Anderswo,* 1996), geschaffen von zwei Studenten der École Boulle, spannten sich strahlend orangerote Leinwände wellenförmig über den Boden. Diese Installation war mit dem Boden verbunden, und lediglich Sukkulenten – Kakteen, Agaven und Yuccapalmen – stachen daraus hervor. Pflanzen, Strukturen und Farben waren komplementär.

Die Gloriette

la gloriette 1992 Fernando Caruncho, Spanien

Der spanische Designer Fernando Caruncho ist als Meister eleganter und doch erdverbundener formaler, geometrischer Formen bekannt. Obwohl er dem zeitgenössischen Minimalismus nahe steht, ist sein Ansatz tief verwurzelt in der griechischen und arabischen Metaphysik. Historiker haben die mediterrane Liebe zur Form, sowohl in intellektueller als auch materieller Hinsicht, manchmal der skulpturalen Wirkung südlichen Lichts zugeschrieben. Wie Caruncho erklärt: »Ich strebe danach, einen Raum anzuordnen, der zu Reflexion und Nachforschung einlädt, indem er dem Licht erlaubt, geometrische Formen aufzuzeigen und so die dynamischen Symmetrien der Natur zu entdecken.«[5] Er hat keine Geduld mit der vernebelten Sentimentalität Rousseaus oder dem nostalgischen Wirrwarr englischer »Großmüttergärten«. Seine Vorbilder sind die Alhambra, Vaux-le-Vicomte, die Boboli-Gärten in Florenz, Russel Page und Luís Barragán.

Ähnlich mediterran ist Carunchos Arbeit, wenn er landwirtschaftliche Geometrie evoziert: Seine Darstellung von Weizenfeldern und Weingärten ist nicht bloß persönliche Vorliebe, sondern setzt jene südländische Tradition fort, die ornamentalen und produktiven Gartenbau, Vergnügen und Profit nie völlig trennte. Viele seiner Werke zeichnen sich durch großzügige Maßstäbe und Aussichten auf die umgebende Landschaft aus.

Wie konnte eine Ausstellungsfläche in Chaumont, die lediglich 250 Quadratmeter misst und sich in einem bekanntermaßen feuchten Klima mit veränderlichem Licht befindet, solche Visionen überhaupt ermöglichen? Der Platz, den man Fernando Caruncho 1992 zuwies, bot eine dramatische Aussicht auf Chaumonts Renaissancetürme, und der Designer entschied sich dafür, diesen gegenüber eine hölzerne Laube zu errichten. Im mittleren Teil konnten nur einfachste Formen und Pflanzungen verwirklicht werden. Die

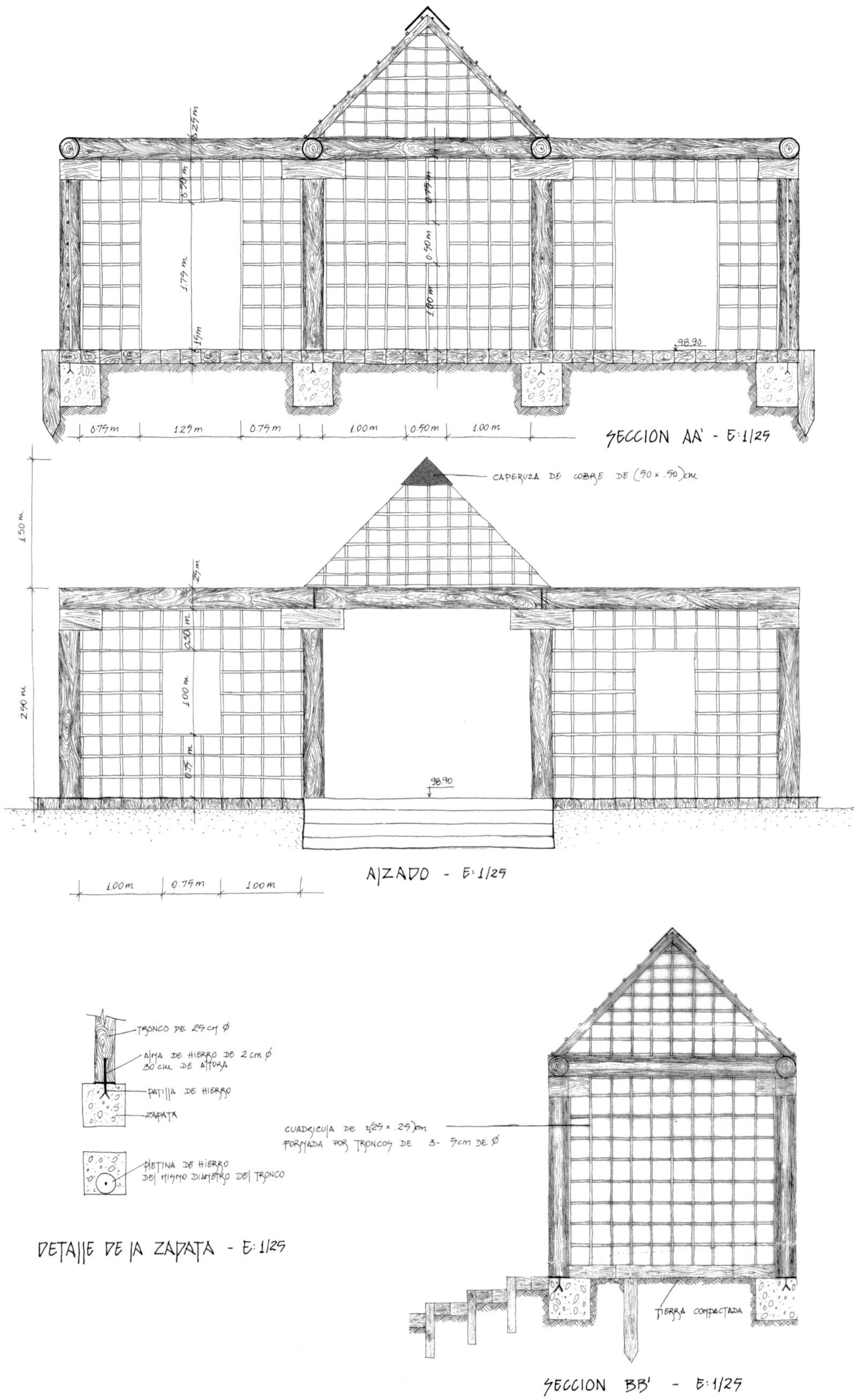

zentrale Achse der Ausstellung öffnete sich zu einem Quadrat mit Projektionen auf drei Seiten, als deren Rahmen man dasselbe Rohholz verwendete wie für die Laube. Leicht erhöht gelegen, glich sie den steilen Abhang aus und eröffnete einen sanft abgestuften Panoramablick auf das Schloss gegenüber. Die Proportionen waren perfekt, die Anordnung der Ebenen behutsam und kontrolliert. Das Quadrat war in den Farben Blau und Gold mit Mehligem Salbei und Dahlien bepflanzt. Warum hat Caruncho in dieser Ausstellung die Farbe von Blumen eingesetzt, wo er sie sonst auf ein Minimum reduziert? Sicher hatte es mit dem Licht des Loire-Tals wie auch mit dem Wunsch, Oberflächenkontraste zu schaffen, zu tun. Farbige Beete passten sowohl zum kulturellen Kontext des Schlosses wie auch zu dem eines Sommerfestivals im Loire-Tal.

Carunchos Ausstellung ist nicht nur durch Geometrie gekennzeichnet, sondern auch durch »stringente Form und vieldeutige Textur«[6]. Die Holzstruktur ergab sich aus der Verwendung von Baumstämmen samt Rinde. Im Jahr 1993 lautete das Thema dann *Imagination during Recession (Fantasie während der Rezession)*, doch die Gloriette blieb bestehen und war ein Beispiel für die Verwendung von einfachem, billigem Material.

Hier waren die wesentlichen Elemente von Carunchos Stil »en miniature« vorhanden: Symmetrie, Präzision, Harmonie mit der Umgebung, eine Meditation über das Licht, rustikale Anspielungen (aufgrund des verwendeten Materials) und eine traditioneller Formalismus, der dem modernen Minimalismus nahe steht.

Gegenüber und rechts Fernando Caruncho hat in ganz Spanien, in den USA und in Südfrankreich Gärten gestaltet. Sein aktuelles Werk ist ein Garten für die spanische Botschaft in Tokio. Carunchos elegante Balance zwischen antiken mediterranen Modellen und minimalistischen Formen hat ihn zu einem der führenden zeitgenössischen Designer gemacht.

Lügt die Minze?

mente la menta? 2000 Marco Antonini, Roberto Capecci und Raffaella Sini, Italien

Die in Rom residierende Land-I-Agentur besteht aus drei Landschaftsarchitekten, die einfallsreiche zeitgenössische Gartendesigns für Festivals in Italien, Berlin und, im Jahr 2002, für den Jardin des Métis in Quebec geschaffen haben. Ihre Installation *Mente la menta (Lügt die Minze?)* gewann den Luigi-Piccinato-Preis des Ordine degli Architetti di Roma und wurde in *Le Monde* als »très chic« bewundert. Das war sie sicherlich, doch sie war noch viel mehr. Als nahtlose Kombination von Skulptur und Land Art enthielt sie nur eine Sorte Pflanzen: Wasser-Minze. Dieses duftende und üppig wuchernde Gewächs war der Schlüssel zu ihrem gesamten Werk.

Vier Elemente begegnen sich hier: »Leere, Floß, Rauch, Natur«. Nach Aussage ihrer Schöpfer repräsentieren sie unsere Zukunft im neuen Millennium, die unsichere Plattform, auf der die Menschheit dahintreibt, die Komplexität und die Schatten unserer gegenwärtigen Welt – aber auch die Fähigkeit der Natur, zu überleben. Wohl deshalb lautet der Titel *Lügt die Minze?*. Können wir der Natur glauben, die uns Zukunft verheißt? *Mente la menta?* ist auch ein Wortspiel aus dem Substantiv »mente«, das »Geist« bedeutet, und aus »la menta« für das Verb »lamentare«, »klagen«. Eine Variante des Titels wäre also *Leidet der Geist?*. Das Land-I-Team definiert seine Arbeit nicht unter dem bloßen Gesichtspunkt »Landschaft als Medium des Ausdrucks«, sondern auch als »Akt der Beobachtung und Interpretation«.

Dabei reagieren sogar Besucher, die diese konzeptuelle Komplexität nicht ganz begreifen, auf die materielle Aussagekraft ihres Werks. Das Element »Leere« etwa war durch einen Pool dargestellt, in dem Stücke schwarzer Kohle schwammen, die das Wasser rein hielten, aber auch an die ominöse Bedrohung einer schwarzen Flut gemahnten. Rund um den Pool war ein kreisförmiger

Die Arbeit der Land-I-Agentur erforscht die komplexen Beziehungen zwischen Mensch und Raum mit zugleich konzeptuell und materiell kraftvollen Mitteln.

Gegenüber oben Land Art konzentrierte sich früher auf Verfall. Heute erforschen Künstler das Wachstum wie hier mit der Minze, aber auch in der Vegetation, die diesen Garten umgab.

Gegenüber unten Stahlwolle und Draht, die das Element »Rauch« darstellten, fingen auf wunderschöne Weise Licht und Schatten ein, während sie Durchlässigkeit und Verhüllung symbolisierten.

Steg aus Pinienholz angebracht, der einem schwimmenden Floß glich, obwohl er fest verankert war. Indem er über dem Wasser gelagert war, ermöglichte er es den Menschen, in die symbolische Landschaft hinein zu gehen. Das spektakulärste Element aber war der »Rauch«: wellige »Kissen« aus Maschendraht, die dichteren davon mit Stahlwolle bedeckt, solcherart Dunkelheit und Licht darstellend. Diese Drahtstrukturen waren wie eine Silhouette gegen die dunkle, geschorene Grünfläche der umgebenden Hecke angeordnet und übten einen starken Reiz aus, nicht zuletzt aufgrund der zahllosen Minze-Sprossen, die durch sie hindurch drängten, je mehr der Sommer sich neigte.

Das Projekt wurde in Zusammenarbeit mit den Architektinnen Gianna Attiani und Daniela Mongini konzipiert. Für das Land-I-Team stellt die Einheit von Natur, Skulptur und Architektur, ähnlich wie der Zusammenhang zwischen Materie und Geist, den Weg der Zukunft dar. Der Optimismus wird hier durch das unerbittliche Wachstum der Minze symbolisiert.

Bewegliches Design

Ricochet (Querschläger) – Thema des Jahres 1998 – suggerierte die Bewegung des Wassers. Die Installation *Ricochets sur l'art de vivre (Querschläger der Lebenskunst)* verwendete z. B. Wasserstrahler aus Treibholz, um das Gurgeln, sanfte Rauschen, Rascheln, Pfeifen, Plätschern und Sprudeln von Wasser zu erzeugen.

»Die heutigen Künstler«, schreibt der französische Kritiker Gilles A. Tiberghien, »haben am Schöpfungsprozess mehr Interesse als an den geschaffenen Objekten.« Gärten bieten besondere Möglichkeiten für kinetische Skulpturen, da sie viele bewegliche Elemente enthalten. Heutzutage werden Privatgärten oft daraufhin angelegt, Tiere oder Vögel anzulocken. Auch Wind kann Bewegung erzeugen: In *Ricochets (Querschläger,* 1998) erhoben sich aus Streifen von Meerlavendel, Beifuß und Lampenputzergras riesige Kieselsteine auf Stäben, die aneinander schlugen, wenn der Wind sie bewegte. Es gibt auch andere Designs, die beweglich erscheinen: ein Band windet sich Schlangen gleich um den Garten, ähnlich dem sich abwickelnden Filmstreifen, der das Design der Randbezirke des Villette Parks in Paris kennzeichnete *(Rubans, Bänder,* 2001).

Wohl nichts wird so oft verwendet wie Wasser, um Bewegung im Garten zu erzeugen: In *Potager dansant (Der tanzende Küchengarten,* 1999) schwammen kleine, mit Gemüse bepflanzte Körbe auf dem Wasser und stießen immer wieder gegeneinander. Ein Ausstellungsstück in Chaumont, das man über Jahre behielt, war ein großes Wasserrad, die Noria, die eigentlich für den Einsatz in einem Musical entwickelt worden war, dann aber als bewegliche Skulptur in die Festivalgärten integrierte wurde. Und Dunst- oder Nebelmaschinen haben so manchen Gärten, die sonst unbeweglich gewirkt hätten, den Eindruck von Bewegung verschafft.

Bewegung im Gartendesign wird oft auch in Form saisonbedingter Veränderungen erfahren oder durch die Schaffung von Geräuscheffekten (s. Kap. 4). Sie kann auch als eine Art von Performance konzipiert sein, indem Besucher direkt involviert werden – wie Kinder, die total durchnässt aus dem *Pro-Urba*-Dschungel kamen, oder Besucher, die Teile des Wasser-Karussells *Le carrousel d'eau (Das Wasser-Karussell,* s. S. 90) selbst ankurbelten. Im Jahr 2001 machte eine Gruppe deutscher Designer die Bewegung selbst zum Thema ihrer Ausstellung: Metallcontainer auf Rädern konnten von den

Besuchern nach Wunsch neu arrangiert und zu geometrischen Mustern zusammengefügt werden. Damit waren die Besucher nicht nur in den Ausstellungsraum eingetreten, sondern auch in den kreativen Prozess an sich.

Rechts Das Wasserrad, die *Noria*, wurde erfunden, um die erste *Orgue hydraulique (Hydraulische Orgel,* 1997) in Bewegung zu setzen. Es wurde weiterverwendet, z. B. für *Envol de canards (Flug der Enten,* 2001).

Unten Claudia Cheikh-Gonzales und Isabelle Ropelato schufen Kiesel, die auf Metallstöcken inmitten mediterraner Pflanzenstreifen und über der Loire im Wind wogten: *Ricochets (Querschläger,* 1998).

Der natürliche Code

code naturel 2000 pep Studio: Katharina Schütze, Uwe Müller und Jürgen Stellwag, Deutschland

Das pep-Studio in Berlin entwarf ein riesiges schimmerndes Mobile, um zwei Arten von Wissen nebeneinander zu stellen: einerseits die traditionelle Wahrnehmung von Pflanzen, symbolisiert von einem üppigen, mit Madonnenlilien, Glockenblumen, Sommerflieder und Lupinen bepflanzten Garten; andererseits die Verwandlung von Pflanzen in digitale Codes – eher Sprache als Materie –, die durch gitterartige Abschirmungen aus hängenden Laser-Discs dargestellt wurde. Damit wurde der alte Gegensatz zwischen Natur und Künstlichkeit neu konstatiert und auf den aktuellen Stand gebracht: Unregelmäßige, gebogene Linien und abschüssiger Boden umgaben quadratische aufrecht stehende Gestelle. Von diesen aus Nylondraht, Stahlkabeln und Kupferrohrleitungen zusammengefügten Gestellen hingen etwa 4500 CDs, die paarweise zusammengeschraubt waren, um nach beiden Seiten zu glänzen. Die Reflexionen bewegten sich in beide Richtungen: Die Discs warfen farbiges Licht auf die hauptsächlich weißen und blauen Blüten, während sie gleichzeitig Lichtblitze von ihrer Umgebung auffingen, wenn sie sich bewegten. Rote Ausrufungszeichen waren hie und da in Form von Scharlachranken angebracht. Diese Blütenpracht in Verbindung mit den fließenden Geometrien schuf vielfältig wechselnde Eindrücke.

Die Schlüsselfigur zu diesem Geheimnis war der Besucher, dessen Anwesenheit ebenfalls symbolisch war: Der Mensch – ein weiteres bewegliches Element im Gesamtkonzept – repräsentiert seine eigene Spezies, die sich entscheiden kann, ob sie pflanzliches Leben schützt, ausrottet oder verändert. »Natürlich« oder »digital«, die Modulationen der Zukunft werden von uns bestimmt.

Code naturel (Der natürliche Code, 2000) spielte mit den wechselnden Eindrücken der Besucher, die das Labyrinth von der Innen- und der Außenseite sehen konnten. Schimmernde Vorhänge bargen mysteriöse Botschaften, während sie gleichzeitig die lebenden Pflanzen reflektierten.

Katharina Schütze erinnert sich, dass der »Weg aus weißem, zerbrochenem Glas im Zentrum der Installation ebenfalls einen leichten blauen Schimmer hatte, was ein eigenartiges Gefühl erweckte«. Ein weiterer Pfad sollte ein Flussbett darstellen und war mit Kieselsteinen aus der Loire ausgelegt.

Das pep-Studio bringt normalerweise Informationen zum Kontext seiner Installationen an, sogar bei Ausstellungen in Innenstädten, die keinerlei Pflanzen enthalten. Zwei Mitglieder der Gruppe sind ausgebildete Landschaftsarchitekten, eines ist Architekt, doch inzwischen arbeiten sie alle als Künstler. Oft werden Alltagsgegenstände als Kunstobjekte verfremdet, um »Gewohnheiten zu demaskieren und neue sinnliche Erfahrungen zu schaffen«. Die Künstler arbeiten entweder gemeinsam oder jeder für sich, und manchmal schließt man sich auch mit anderen Spezialisten zusammen. Dazu gehört der Architekt Thomas Büsch, der eng mit dem pep-Team in Chaumont zusammengearbeitet hat. Katharina Schütze erinnert sich, dass die Zeit, in der sie ihr Festival-Projekt vorbereiteten, sehr inspirierend war: »Ich denke auch jetzt immer wieder an Chaumont, und es kommt mir vor, als würde ich nach wie vor Energie aus dieser Erfahrung ziehen.«

Rechts Von Menschen manipulierte Strukturen kontrastierten auf vielsagende Weise mit Pflanzen wie japanischen Anemonen, Astern, Kugeldisteln, Rasselblumen, Kapaster, Edeldisteln, Schwingel, Thymian, Gänseblümchen und Sommerflieder.

Gegenüber Für alle Elemente – die künstlichsten wie die natürlichsten – waren Licht und Reflexion ausgesprochen wichtig, und zwar in symbolischer wie physischer Hinsicht.

Das Wasserkarussell

le carrousel d'eau 1997 Michèle Elsaïr und Jean-Pierre Delettre, Frankreich

Die Architektin Michèle Elsaïr und der Erfinder Jean-Pierre Delettre entwarfen eine erstaunliche Struktur, die die Reflexionen und Bewegungen des Wassers darstellte. Zu diesem Zweck wurde ein flacher Pool von etwa 100 Quadratmetern schwarz gestrichen, um einem schlammigen Weiher zu ähneln, in dem die Spiegelungen der hohen Bäume in unermessliche Tiefen zu reichen scheinen. Eine Wand aus großblättrigen Pflanzen, insbesonders Schildblatt und japanische Pestwurz, umschlossen das Ufer »wie ein Saum«, erinnert sich Elsaïr. Innerhalb des Pools gab es fünf Abschnitte, die fünf kontrastierende Wasserbewegungen darstellten. Wenn Besucher eine Kurbel betätigten, wurden im breitesten Poolabschnitt Luftblasen zwischen driftenden Wasser-Salatpflanzen frei. Im nächsten Poolabschnitt war eine Ventilatorschaufel versteckt angebracht, die feine Wellen um ein ruhiges Rechteck von Entengrütze erzeugte. Im dritten Poolabschnitt wurden durch beidseitig angebrachte Luftstromdüsen starke Oberflächenreflexionen um ein Mosaik aus Mosquito-Algenfarn und Wassernuss erzeugt. Der vierte enthielt ein Floß mit Schachtelhalmen, das im Hin- und Hertreiben kleine Wellen erzeugte. Im fünften und engsten schließlich tropfte Wasser von Angelruten und erzeugte endlose, rhythmische Kreise um ein weiteres Rechteck von Entengrütze.

Die Farben waren sanft und natürlich, bis auf die roten Masten der Streben, die sich auf beiden Seiten bis zu 7 Meter hoch erhoben. Sie erzeugten Volumen und Höhe und warfen zugleich diagonale Schatten über die parallelen Linien. Die Besucher konnten von den Treppen, die sich entlang einer Seite erhoben, hinabblicken und von deren höchstem Absatz die in der Ferne glitzernde Loire erkennen. Bewegung und Reflexion waren unendlich je nach Saison und Tageszeit, Wetter und Laune.

Variationen auf bewegtem Wasser wurden durch diese fantastischen Vorrichtungen dargestellt, die die Besucher selbst betätigen konnten.

Gegenüber oben *Le carrousel d'eau (Das Wasserkarussell)* ist ein weiteres Beispiel für eine Kreation, die Pflanzen und innovative Technik in Einklang bringt. Japanische Pestwurz, Goldkolben, Funkie, Entengrütze, Wasser-Salat und Wasserhyazinthen umgaben das Karussell.

Gegenüber unten Die Idee der »Pflanzenflossen« hat vielen gefallen, nicht nur den Kindern, die Chaumont besuchten. *Le carrousel d'eau* nutzte auf sehr schöne Weise den Performance-Aspekt kinetischer Skulptur.

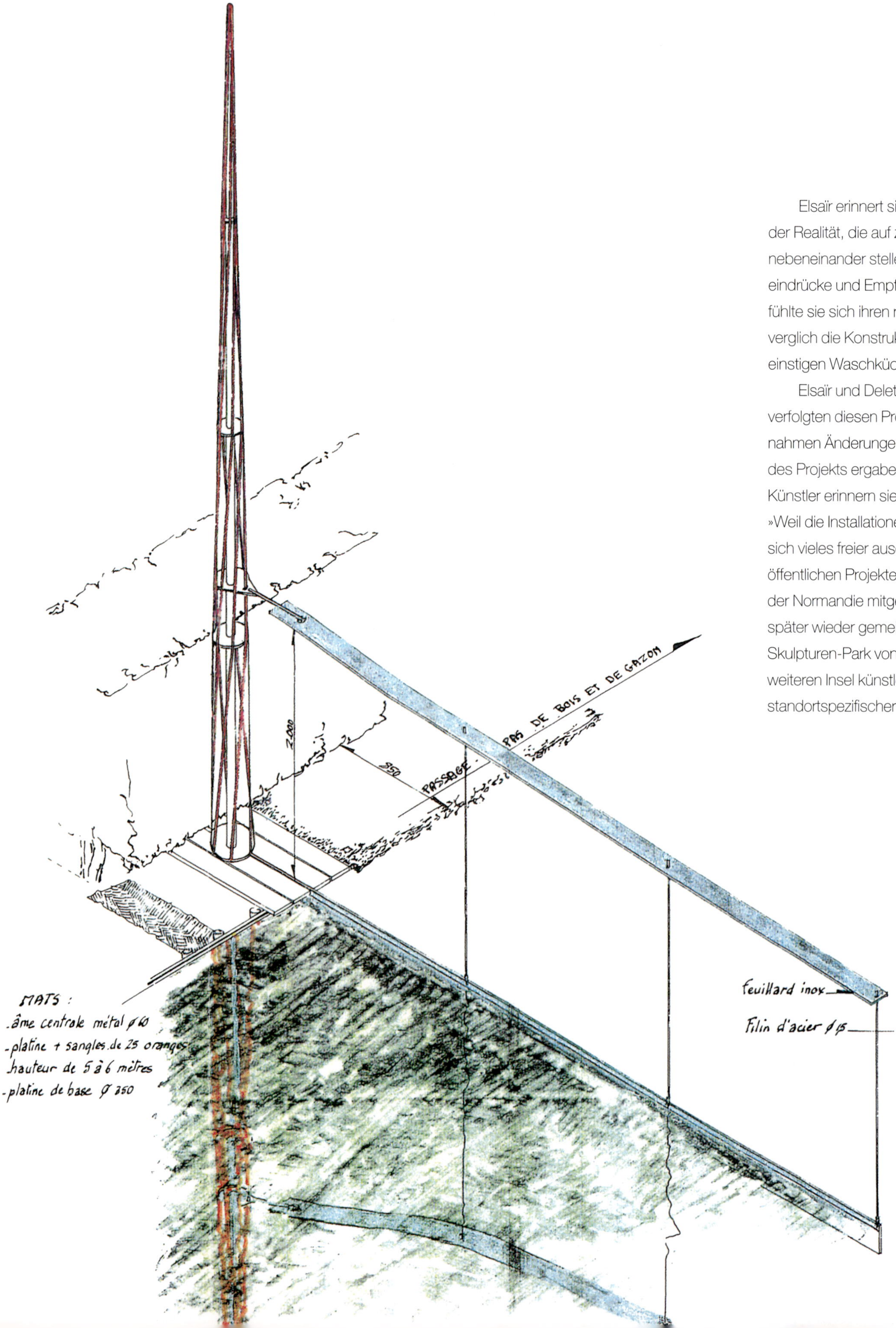

Elsaïr erinnert sich, dass sie verschiedene Schichten der Realität, die auf zweideutige Weise verbunden waren, nebeneinander stellen wollte, um dadurch Sinneseindrücke und Empfindung zu synchronisieren. Zugleich fühlte sie sich ihren ruralen Wurzeln verbunden und verglich die Konstruktion des *Wasserkarussells* mit den einstigen Waschküchen von Bauersfrauen.

Elsaïr und Delettre erledigten den Aufbau selbst, verfolgten diesen Prozess mit Aufmerksamkeit und nahmen Änderungen vor, die sich aus dem Fortschreiten des Projekts ergaben. Wie viele andere Chaumont-Künstler erinnern sie sich mit Wärme an das Festival: »Weil die Installationen zeitlich begrenzt sind, kann man sich vieles freier ausdenken.« Elsaïr hat seither an öffentlichen Projekten in Lyon und in der Stadt Louviers in der Normandie mitgewirkt. Die beiden Künstler haben später wieder gemeinsam gearbeitet, und zwar in dem Skulpturen-Park von Vallon du Villaret in Lozère, einer weiteren Insel künstlerischer Freiheit voller einfallsreicher standortspezifischer Kunstdarstellungen.

Oben *Le carrousel d'eau* wirkte wie von der Außenwelt abgeschlossen. Doch obgleich es den Anschein einer Waldidylle erweckte, unterhielt es subtile Verbindungen mit den physikalischen Gegebenheiten des Chaumont-Ausstellungsgeländes.

Links Die Reflexionen veränderten sich von Sekunde zu Sekunde und übten eine hypnotisierende Wirkung aus, die die Betrachter zu innerer Stille finden ließ.

Insider-Geschichten

Während der Renaissance wurde der Garten zu einer Projektionsfläche der Architektur, einer Erweiterung der Linien und des Volumens der Gebäude, die er umgab. Im späten 18. Jahrhundert wurde die Malerei zum Vorbild für die Gartenarchitektur, was zur Folge hatte, dass Anordnungen, die mit verschiedenen Blickwinkeln experimentierten, geschaffen wurden. Heute sind die Grenzen zwischen Architektur, Bildhauerei und Gartenkunst durchlässig. Tiberghien meint, dass Designer »heute eher räumlich als malerisch denken«. Man verwendet vielerlei Blickwinkel – auch von innen.

Die meisten Ausstellungen in Chaumont laden die Besucher zum Eintreten ein. Die Layouts der Ausstellungsflächen kann man selten vom Eingang her erkennen, und auch die kleinsten Spazierwege ändern unerwartet ihre Richtung. Eines der grandiosesten Beispiele dafür war der *Tunnel de bambous (Bambustunnel, 1994)* des Japaners Hiroshi Teshigahara. Über die Jahre hin wuchsen die Pflanzungen so dicht, dass er entfernt werden musste, doch die Erfahrungen von Licht und Schatten, von Geheimnis und Entdeckung, die er bot, blieben gleichwohl unvergesslich.

Es gab andere Tunnels, manche hoch gelagert, manche tiefer gelegt, manche zu ebener Erde – *L'arche de Noé (Die Arche Noah,* 1997) mit ihrer hoch gelegenen »Bibliothek« der Pflanzen oder die Tunnels des *Pilzgartens* (s. S. 166). Diese Arbeiten nähern Gartendesign den Erzählmustern von Reiserouten an (s. Kap. 4), da eintreten immer bedeutet, eine Grenze zu überschreiten, um eine Welt der Fantasie zu betreten.

Innen- und Außenräume verbinden sich auf unerwartete Weise. Ein Gartenkünstler drehte die Bedeutung dieser Begriffe freizügig um, indem er die Vorstellung des Außenraums dadurch ironisierte, dass er gelbe Lampenschirme auf Wasserspeiern anbrachte und aus Pflanzenbüscheln Möbel kreierte. Die Australierin Jenny Jones stellte ihren Garten unter das Motto *Un jardin ne peut avoir d'existence sans nous (Ein Garten kann ohne uns nicht existieren,* 2000). Ein langer Glastisch bot Pflanzen dar wie ein verführerisches Mahl. Jones schrieb: »Wenn

wir uns einen Garten vorstellen, sollten auch wir darin vorkommen!«

Es hat Gärten gegeben, die die Besucher nicht einließen, sondern nur einen bestimmten Blick ins Innere erlaubten – wie auf eine Bühne. Tatsächlich waren viele der Künstler, die diese Gärten schufen, Bühnenbildner. *Le théâtre d'eau (Das Wassertheater*, 1997) bestand aus einer Reihe paralleler Kanäle rund um Gemüsebeete und einer Bank, von der aus man das sich verändernde Licht und das jeweilige Stadium der Pflanzen betrachten konnte. Der Eindruck von Ruhe und Abgeschiedenheit milderte die theatralische Distanz. Manchmal wurde auch eine Plattform errichtet, um die Ausstellung von oben betrachten zu können. Dies geschah häufig in Form einer höher liegenden Brücke. Gemäß der amerikanischen Land-Art-Tradition betrachtet man manche Gärten am besten durch Luftbildaufnahmen, wie etwa George Hargreaves Garten *La terre en marche (Die Erde in Bewegung,* s. S. 144). Noch typischer für Chaumont war der *Potager en l'île (Insel-Küchengarten,* 1994): Überall entlang des Poolrands waren Wasserspeier angebracht, mit denen sich die Besucher abkühlen konnten, indem sie sich oder einander anspritzten, und Pumpen, um Luftblasen im Wasser zu erzeugen.

»Wo ist die feine Linie zwischen Performance, Installation und Gartendesign?«, fragt Jane Amidon in *Radical Landscapes (Landschaftsdesign)*, und zieht selbst den Schluss: »Vielleicht ist es am besten, Mehrdeutigkeit zu erlauben, um den Reichtum an Interpretationen zu vergrößern.«

Links und gegenüber unten In ihrem Kommentar zu ihrer Ausstellung *Un jardin ne peut pas exister sans nous (Ein Garten kann ohne uns nicht existieren)* lud Jenny Jones die Besucher ein, »ein üppiges Mahl zu genießen, das reich ist an Reife, Geschmack und Farben – eine Darstellung der Blütezeit unserer lebenslangen Verwandtschaft mit der Natur«.

Gegenüber oben Im *Potager en l'île (Insel-Küchengarten)* konnten auf dem Wasser treibende und mit exotischen Pflanzen bewachsene Inseln nicht nur bewundert, sondern auch berührt und über ihren Duft wahrgenommen werden. Das Wasser dafür wurde dabei von einer Armee von Glasflaschen erwärmt.

Strohhütten-Garten

jardin de paille 2000 Hugues Peuvergne, Frankreich

Hugues Peuvergne wurde Gärtner, damit er im Freien leben und arbeiten konnte. Er trennt Design und Leben nicht, weil er denkt, dass Gärten, wie Kinder, nach der Geburt der Pflege bedürfen. Die Kindheit ist auch tatsächlich eine stete Quelle der Inspiration für ihn. Sein Stroh-Garten in Chaumont ähnelte einem riesigen Spielzeughaus, einem Vogelnest und einer mittelalterlichen Festung gleichzeitig. Auf Feldern gelagerte Heuballen lieferten ihm die Idee, diesen Ort wie ein Domino-Spiel zu konstruieren: 120 Ballen Stroh, jeder 250 Kilogramm schwer, wurden mit 8 Kubikmetern Erde versetzt und mit Metallstäben und gewobenen Zäunen aus Lindenholz zusammengehalten. Nach und nach festigten die Pflanzungen, die auf drei Ebenen angelegt waren, die Gesamtstruktur.

Den Garten zu betreten, hieß, in ein Labyrinth hineinzugehen, das alle äußeren Blicke verhinderte, bis man sich auf halbem Weg nach oben unerwarteterweise auf einer Aussichtsterrasse befand. Als veritabler Romantiker wollte Peuvergne die Besucher dazu bringen, sich zu fühlen, als seien sie die ersten, die diesen magischen Raum betreten, um plötzlich die Spuren eines »heimlichen Gärtners« zu entdecken – einen Wecker, einen Spiegel, eine Vase mit wilden Blumen.

Die Menschen fühlten sich willkommen, und viele nahmen ihre Picknicks hier ein. Ein Briefkasten lud ein, Kommentare abzugeben. Man hörte Kinder, die sich fragten, ob dies die Hütte der drei kleinen Schweinchen aus dem Märchen sei, und Erwachsene erinnerten sich an den Bauernhof ihrer Großeltern.

Peuvergne schuf den Großteil seiner Ausstellung selbst, auch während der Sommersaison, als sich der Garten entfaltete: Kletterer bestiegen unerwartete Plätze, und das Stroh löste sich in unvorhersehbarer Weise auf.

Oben und links Scheinbar naiv und kindlich – Peuvergnes Garten spielte klug mit Verwandlungen und veränderten Blickwinkeln. Bäume tauchten hie und da aus der dicht bewachsenen, aber Vertrauen erweckenden Festung auf: eine Gleditschie wie auch ein dekorativer Apfelbaum.

Gegenüber Inspiriert von den wohl bekannten Heuballen auf Feldern, verwischte Peuvergnes Kreation die Grenzen zwischen Außen- und Innenräumen, indem er sie im Objekt verbarg.

Während der Festival-Saison kam Peuvergne alle zwei Wochen, um sein Werk zu inspizieren und hat dabei mit Vergnügen die unerwartete Entwicklung von Pflanzen wie dem wilden Wein verfolgt.

Manche Teile des Gartens waren dadurch im September interessanter als im Juni. »Der Garten«, meint Peuvergne, »hat sein eigenes Leben. Man muss ihn immer im Auge behalten. Aber ich liebe es, von meinem Garten überrascht zu werden.«

Als Folge dieser Ausstellung wurde Peuvergne damit beauftragt, drei Häuser nahe Cézannes früherem Atelier in Aix-en-Provence zu errichten, eine Märchenfantasie, die drei Jahre erhalten werden sollte. Tiberghien schreibt über Hütten, sie seien »der ideale Treffpunkt von Kunst und Natur, weil sie an die Ursprünge von … Zivilisation und an die Evolution der Menschen … erinnern«. Das würde Peuvergne vielleicht nicht für sich in Anspruch nehmen. Es besteht jedoch kein Zweifel, dass Kunst für ihn Versenkung in die Natur bedeutet.

Unten und rechts Baumhäuser und Kinderspielhütten jeglicher Form sind heute en vogue und man findet sie sogar in Hotelgärten. Peuvergnes Strohhütte war ein frühes Beispiel dafür. Es gab wenige Ausstellungen, in denen sich die Besucher, Kinder wie Erwachsene, so wohl fühlten wie in dieser.

Geflochtene Weiden

saules tressées 1995–96 David and Judy Drew, England

David und Judy Drew leben seit den frühen 1990er Jahren in Zentralfrankreich. Ihr Dorf, Villaines-les-Rochers, lebt vom Korbflechten und umfasst eine erfolgreiche Kooperative von achtzig Familien und unabhängigen Künstlern. David Drew – seit über dreißig Jahren international bekannt – ist der Star unter ihnen. Er hat für seine Kunst eine Kollektion von Weiden zusammengestellt, die nun in den Royal Botanic Gardens in Kew, London, gepflegt wird. Judy Drew lehrte früher Kunst in England, doch in den letzten zwanzig Jahren haben die beiden ein einzigartiges Medium entwickelt, das Judy als »eine Mixtur aus Landschaftskunst, Baukunst und Installation« definiert. Seit sie 1995 an dem Chaumont-Festival teilgenommen haben, hat das Künstler-Paar neue Projekte, darunter ein Badehaus für

David und Judy Drew schufen ihren Weidenzaun für Chaumont im Jahr 1995. Diese Technik hat seither die französische Gartenkultur beeinflusst und fand sogar Eingang in populäre Magazine.

Für *Saules tressées (Geflochtene Weiden)* hat Jean-Paul Pigeat eingewilligt, die Hecke zu entfernen, die üblicherweise jede Parzelle umgibt. Damit wurden weite Perspektiven möglich.

Das lebendige Weiden-Design sollte man von allen Seiten und Blickwinkeln erfahren können, von innen und von außen. Die Kinder liebten es, in seinen Mäandern Versteck zu spielen.

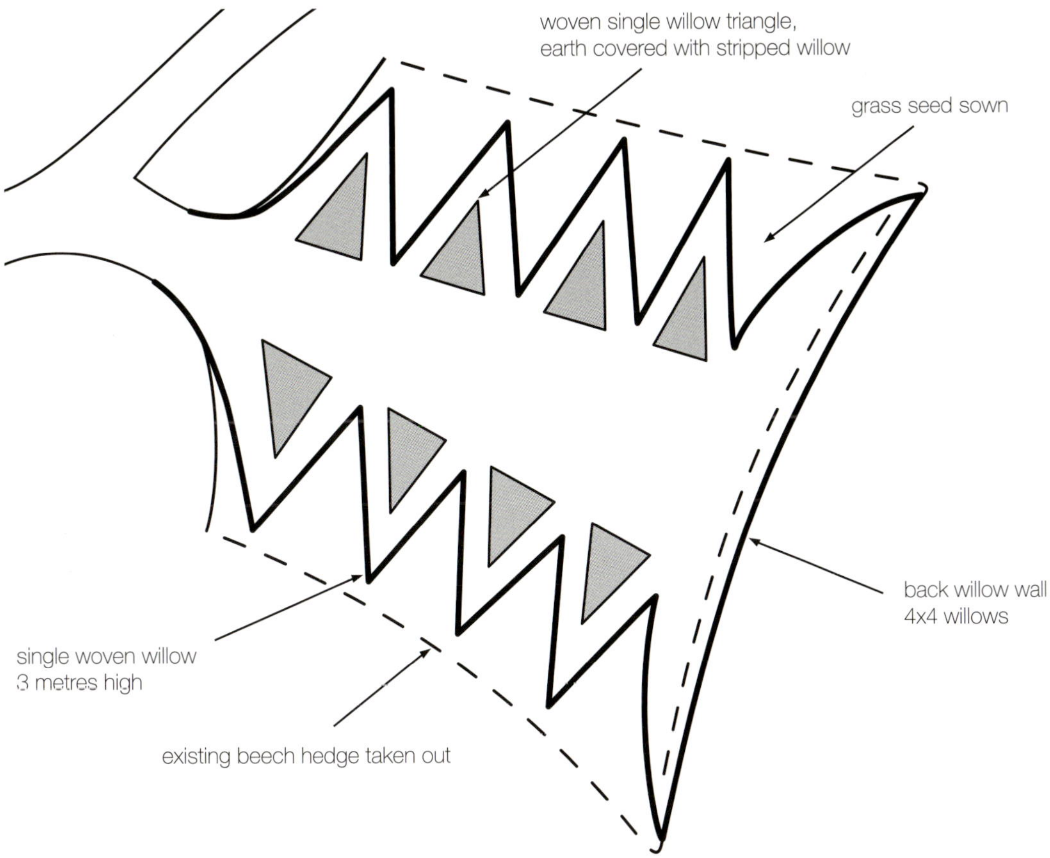

Mick Jagger und eine Installation im Rockefeller Center in New York, konstruiert. Ihre Chaumont-Erfahrung begann, als Jean-Paul Pigeat sie persönlich einlud, am Festival teilzunehmen. Judy erinnert sich, dass David damals gerade von einer Leiter gefallen und nicht sehr enthusiastisch war, aber Pigeat bestand auf ihrer Teilnahme. Und so gingen sie nach Chaumont, wo sie »Ende Februar, Anfang März drei Meter hohe Weiden pflanzten (von der Sorte ›Noire de Villaines‹). Die Blätter erschienen einige Wochen danach, und bald waren die Bäume ganz belaubt.« Beim Pflanzen wurden die Baumstämme nach einem rautenförmigen Muster verwoben, das David 1982 entworfen hatte. Dieses Layout war kompliziert und einfach zugleich, sowohl minimalistisch-modern wie an alte Zivilisationen erinnernd. Elfenbeinfarbener Sand war auf die Wege gestreut, um die Schatten zu betonen, und Gras wurde innerhalb des »Geflechts« gesät.

Zum ersten Mal gestattete es Jean-Paul Pigeat, die Hecken um eine Parzelle zu entfernen, damit die gesamte Struktur frei stehen und aus der Ferne wie auch von innen betrachtet werden konnte. Als die Jahreszeit fortschritt und die Pflanzensprösslinge wuchsen, bog sie sich stärker im Wind. Besucher konnten durch das Gitter wahrgenommen werden und lieferten Bewegung und Farbe, und Kinder spielten in dem Mini-Labyrinth Versteck, was sie liebten.

Geflochtene Weiden war in erster Linie eine lagespezifische Installation, die wachsende Pflanzen benötigte. Sie blieb über vier Jahreszeiten erhalten und hätte sich, würde sie weiter bestanden haben, in eine vollkommen dichte Struktur verwandelt. Wenige Gärten in Chaumont wurden so häufig kopiert, von Hausgärtnern wie von Stadtgärtnern, in Frankreich und darüber hinaus. Drastisch beschnitten, wurde diese Ausstellung bis 1997 erhalten, als das Chaumont-Team Nebelstrahler installierte, um sie in eine neue Ausstellung zu verwandeln: *Saules dans la brume (Weiden im Nebel)*.

Oben *Saules tressées (Geflochtene Weiden)* ist ein weiteres Beispiel für »natürliche Kunst«, die die Energien lebender Pflanzen verwendet, um Räume zu schaffen, die sich über die Zeit hin entwickeln.

Links Das Basis-Design für die Weiden-Ausstellung war ebenso einfach und subtil wie die verwendeten Pflanzen. Sie erinnert sowohl an alte Handwerkskunst wie an modernen Minimalismus.

4

Zeit und Veränderung

Der Land-Art-Künstler Walter de Maria schreibt: »Künstler, die mit Erde arbeiten, arbeiten mit Zeit.«[1] Heimgärtner mühen sich ab, Riesentomaten aus winzigen Samen zu ziehen und sind also täglich mit Zeit und Veränderung konfrontiert. Land-Art-Künstler vermeiden Pflanzen: Wie Udo Weilacher in seiner Geschichte der Bewegung schreibt, entwickeln lebendige Pflanzen oft ein unvorhersehbares Eigenleben und verändern aktiv ihre Umwelt. 1969 ging Robert Smithson so weit zu fragen: »Kann man sagen, dass Kunst verflacht, wenn sie sich dem Garten nähert?«[2] Das Prozesshafte faszinierte ihn, aber er zog den Zerfall dem Wachstum vor. Gärtner betrachten Verfall als Voraussetzung für Wachstum, ihr Modell ist der Kompost – die wiederaufbereitete Vergangenheit; Tod, der Leben erzeugt.

Mit der gegenwärtigen Annäherung von Kunst und Garten-Design arbeiten immer mehr Landschaftsgestalter mit lebendigen Materialien. Die Landschaftsarchitekten Michel Courajoud, Richard Haag und Jacques Wirtz arbeiten mit Natur als einem dynamischen Prozess, der sich über Jahre hin entfaltet und sowohl jahreszeitenbedingte Veränderungen als auch Langzeitwachstum einschließt. Haag und Wirtz arbeiteten am Beginn ihrer Karriere als Pflanzenzüchter. Roberto Burle Marx, der am Anfang seiner Laufbahn als Maler reüssierte, schwelgt nichtsdestotrotz in »lebendigen, mutierenden Rohmaterialien«. Gilles Clément betreibt eine noch energischere Erkundung von Wachstum und Veränderung. Sein *Jardin en mouvement (Garten in Bewegung)* basiert auf dem Beobachten der Entwicklung wild wachsender Vegetation und einer Intervention an dem Punkt ihrer größten Vielfalt.[3] Wer außer Clément würde Landschaftsarchitektur mit dem Aufspringen auf ein rennendes Pferd vergleichen?

John Dixon Hunt erinnert uns daran, dass nur Tanz und Körperbemalung Ähnlichkeiten mit Gartendesign haben, da sie »Künste sind, die lebendige, organische, sich verändernde Komponenten aktiv einbeziehen«. Er weist auf die Vergänglichkeit von Aufführungen hin, auf den flüchtigen Augenblick als Kunstform. Der britische Gartenbauer Hugh Johnson räumt ein, dass wahre Gärtner das »langsame Reifen der Jahreszeiten und die allmähliche Verwirklichung eines lang gehegten Plans« lieben. Trotzdem fragt er: »Wenn Veränderung einen bedeutenden Teil der Freude an der Gärtnerei ausmacht, warum sollte man darauf bestehen (oder eine Vorliebe dafür hegen), dass sie langsam vonstatten geht?« Er sieht Gärten als Prozesse gleich welcher Geschwindigkeit an.[4] Landschaftsgestalter empfinden Zeit zunehmend als etwas Dynamisches, sogar Momenthaftes. Die britischen Natur-Künstler Richard Long und Andy Goldsworthy arbeiteten als erste in diese Richtung, wobei die Frost- und Regen-Schatten des letzteren nur Sekunden dauerten. In Frankreich haben Eric Ossart und Arnaud Maurières mit ihren Studenten kurzlebige Gärten gestaltet. »Permanenz ist nicht sinnvoll«, schreiben sie. »Der Gärtner ist der Meister des Flüchtigen. Nur einige Bäume und der Boden, auf dem sie stehen, erscheinen uns ewig. Allein die Mythen, die unsere Werke hervorbringen sind ewig.«[5]

Temporäre Gärten, Performance-Kunst – wir sind wieder in Chaumont angekommen, wo gefordert wurde, dass Wachstum über längere Zeit eine notwendige Voraussetzung für die Beiträge der Aussteller sein sollte. Es ist vielleicht schwieriger, Gärten zu planen, die von Juni bis Oktober bestehen sollen, als solche, die nur einige Tage durchhalten müssen, wie oft bei Messen und Blumen-Ausstellungen. Es ist die Betonung der Dauer ebenso wie der an Design orientierte Ansatz, der viele Nachahmer gefunden hat.

Rechts *Shishi odoshi* bezeichnet Bewässerungsanlagen, in denen Wasser durch unterschiedlich große Bambus-Rohre fließt und dadurch zufallgesteuerte Musik erzeugt. In Japan sind sie als Garten-Ornamente beliebt.

Gegenüber oben Viele Gärten vermitteln das Bild einer Suche oder sogar einer Initiation, die von einer Welt in eine andere führt. Diesen Eindruck vermittelten auch die Bewegungen der Besucher in den Wasserwänden des *Jardin de passage (Gärten des Übergangs,* 1997/98) von Jean-Pierre Delettre.

Gegenüber unten In ihrem dritten Jahr wurden die *Geflochtenen Weiden* zu einer Performance: Ihr Gitterwerk wurde regelmäßig in stoßweise aufsteigenden Nebel gehüllt *(Saules dans la brume,* 1997).

Zeit sichtbar machen

Zeit wird durch Spuren sichtbar, die ihre Vergangenheit an einem Ort hinterlassen hat. Landschaftsarchitekten betrachten ihr Terrain oft als Palimpsest, der gelesen und bewahrt oder in zeitgenössisches Design integriert werden soll – wie es die Romantiker mit Ruinen taten. Heimgärtner arbeiten in einer intimeren Weise mit der Zeit. Hugh Johnson erklärt: »Ein Großteil der Freude an der Gartenarbeit besteht im Hinnehmen der Tatsache, dass jede Jahreszeit auf der vorhergehenden aufbaut. Erinnerung und Erwartung sind fortwährend damit beschäftigt …« Seit dem ersten einmonatigen Festival von 1992 gab es in Chaumont eine Betonung der Jahreszeiten. Im heurigen Jahr machte der dänische Architekt Preben Jakobsen durch seine Auswahl von überschwänglichen Herbstfarben Zeit sichtbar.

1994 hatte das Festival seinen Fünf-Monate-Rhythmus erreicht. Alljährlich aber wählten die Organisatoren einen kleinen Teil des Gartens aus, der bis ins nächste Jahr weiterbestehen sollte, sodass jede Jahreszeit auf der vorhergehenden aufbauen konnte. Die Auswahl bezog sich oft auf stabil gebaute Konstruktionen: Die Grotte des argentinischen Architekten Emilio Ambasz, Fernando Carunchos Pergola, oder Hiroshi Teshigaharas Bambus-Tunnel. Manchmal bedeutete Dauer einfach das Wachsenlassen von Pflanzen, die an Größe oder Umfang zunahmen, wie etwa beim Bambus-Garten oder dem Weidegeflecht-Käfig von David und Judy Drew. Weniger sichtbar für das Publikum ist die kunstvolle Integration alter Bestände in neue Gärten durch die Praktikanten des Conservatoire: *Zingibérales (Zingiberales,* 1995) wurde als Lösung für den Fortbestand der Pflanzen von *Potager en l'île (Insel-Küchengarten,* 1994) entwickelt. Diese Wiederverwertung hat manchmal Experimente mit Wachstumsbedingungen in verschiedenen Jahreszeiten ermöglicht, wie im Fall des *Jardin de feuillages géants (Garten der Riesenblätter,* 1994). Als Dschungel konzipiert, der Kindern eine Erfahrung exotischer Dimensionen ermöglichen sollte, überlebte er den folgenden Winter und bot so interessante Informationen über das Wachstum tropischer Pflanzen in gemäßigten Klimazonen.

1994 entwarf die Atelier-Ephémère-Gruppe eine Verulkung der ewigen Klage aller Gärtner; die Installation hatte den Titel *Y-a plus d'saisons (Es gibt keine Jahreszeiten mehr,* 1994). Umgeben von hohen Tannen *(Abies nordmanniana)* sah man eine künstliche Schneelandschaft, die übersät war mit blühenden Sommerpflanzen. Jahreszeitenwechsel finden jedoch sogar während des Festivals statt. Frühsommer und Spätsommer in Chaumont bieten gänzlich unterschiedliche Eindrücke. Anfangs sind besonders Kletterpflanzen oder Gemüse noch kahl, und der Garten spricht in dieser Zeit besonders jene an, die geordnete Reihen und klare Aussichten bevorzugen. Wie in jedem Privatgarten, werden im Oktober die Umrisse oft durch üppige Vegetation verdeckt. Trotz täglicher Gartenarbeit, haben nun Wind und Wasser vielleicht bereits ihren Tribut gefordert, aber das Füllhorn der Natur zeigt seinen größten Reichtum. Nichts macht Zeit stärker sichtbar als ein Küchengarten, und davon gab es viele seit den Anfängen in Chaumont.

Gegenüber Durch Hiroshi Teshigaharas Bambus-Tunnel zu gehen, war wie eine Initiationserfahrung. Aber man nahm gleichzeitig eine riesenhafte Skulptur wahr, die sich mit den Jahren veränderte, bis sie schließlich ganz zugewachsen war. Dann wurde sie zum Ausgangsmaterial von *Desert Sea*.

Unten Pflanzenwachstum bietet eine verlässliche Methode, Zeit sichtbar zu machen. Was zur alltäglichen Wahrnehmung von Gärtnern gehört, wird jetzt von bildenden Künstlern immer häufiger als Potential verstanden – besonders in Chaumont.

Oben Schildfarn *(Dryopteris affinis* und *Polystichum lonchitis)*, Königsfarne *(Osmunda regalis)*, Tüpfelfarne *(Polypodium vulgare)*, Frauenhaarfarne und Straußfarne *(Matteuccia pensylvanica)* – sie alle halfen, Umrisse weicher zu gestalten.

Rechts Latz beobachtete, »dass feiner Dunst, der von Zeit zu Zeit seine Formen umhüllte, alles klarer und schärfer sichtbar erscheinen ließ als zuvor: Farben, Luft und Lichtqualität«.

Nebelgarten

1998–99 Peter Latz, Deutschland

Der deutsche Landschaftsarchitekt Peter Latz ist für eine ganze Reihe von Dingen berühmt: Die Umwandlung von Industriebrachen (etwa der Landschaftspark Duisburg-Nord im Ruhrgebiet), Experimente mit alternativen Technologien, insbesondere aber für seine Landschaftsarchitektur und deren elegante Verbindung von Ökologie und Minimalismus. In seinem Artikel *Über die Idee, Zeit sichtbar zu machen* schreibt er, Landschaftsarchitektur bedeute für ihn »die abstrakte Idee von Raum in Elementen und Anordnungsmustern zu fassen«.[6] In Chaumont gelang es Latz, Zeit in vielfältiger, wunderbarer und rätselhafter Weise zu visualisieren, indem er die massive Präsenz von dunklem Stein mit der flüchtigen, immer in Bewegung begriffenen Qualität von aufsteigendem, im Sonnenlicht funkelndem Nebel verband.

Nebelgarten war in erster Linie eine Sequenz. Zwölf Münchner Studenten der Landschaftsarchitektur halfen, Steinplatten in einer Spiralform anzuordnen – eine Gestalt mit gleichermaßen metaphorischen wie narrativen Qualitäten, die auch Robert Smithson und George Hargreaves bevorzugten. Die Spiralform wurde in Details wie Farnwedeln, den Ranken von Schlingpflanzen und Schneckenhäusern wiederholt. Ähnlich Vorhängen, zugleich schützend und offenbarend, wurden hohe, frei stehende Steine am äußeren Rand der Anlage aufgestellt. Im Zentrum wurden kleinere Steine in versetzten Winkeln gestapelt und teils in den Boden eingelassen. Besucher wurden durch kurz frei werdende Blicke ins Innere angezogen, und die Geheimnisse des Gartens wurden durch das unablässige Spiel der Dämpfe verschleiert. Als sie eintraten, erinnert sich Latz, »eröffnete jede Position neue Perspektiven«.

Die verschiedenen Formen der Wasserbewegung brachte andere Zeitmaßstäbe ins Spiel: »Von Zeit zu Zeit wurden Formen und Personen von feinem Dunst umhüllt. Alles wurde dadurch klarer und schärfer sichtbar – Farben, Luft, und die Lichtqualität.« Latz verglich die Bewegung des Dunstes mit einem Stein, der ins Wasser geworfen wird und Wellen erzeugt, die nach und nach auslaufen. Aber der Nebel verdichtete sich auch. Er senkte sich über Steine herab, sammelte sich über dem Boden in dichten Tropfen und folgte der Spirale nach innen … er tropfte auf Blätter und ließ Moose auf den Steinen wachsen. Das jahreszeitenbedingte Wachstum von Pflanzen stellte wieder eine andere Zeitrechnung dar: Niedrige Farne, Wilde Klematis, Osterluzei und moosbedeckte Steine. Minze und andere Wasserpflanzen wuchsen am tiefsten Punkt im Zentrum. Die Steine verkörperten einen Prozess, der Jahrmillionen umfasst. Sie enthielten zum Teil fossilisierte Ammoniten und brachten buchstäblich das Spiel von Luft und Dunst ans Licht. Veränderung war der tiefere Sinn dieses Gartens.

Oben Steinplatten – einzeln und aufrecht sowie Stapeln – wurden in einer Spiralform angeordnet. Sie kamen aus einem nahe gelegenen Steinbruch und wurden nach der Ausstellung dorthin zurückgebracht.

Oben rechts »Zeit und Prozess sind das Herzstück jeder Landschaftsarchitektur«, schrieb der britische Historiker John Dixon Hunt. Latz würde dem sicherlich zustimmen.

Die Nester der Göttin Mappa

nids de la déesse mappa 2002 Rémi Duthoit und Eric Barbier, Frankreich

Eric Barbier erhebt als Bildhauer den Anspruch, gleichermaßen »im Flüchtigen beheimatet« und »in die Vorstellung der Fruchtbarkeit verliebt« zu sein. Rémi Duthoit entwirft Gärten, die Wachstum und Veränderung hervorheben. Für ihr Erotik-Thema übernahmen sie einen halb verwilderten, von üppiger Vegetation umgebenen Teich, der 2001 von künstlichen Enten bevölkert war. Duthoit ist ehemaliger Student und gelegentlicher Kollege von Gilles Clément, der Gärtner dazu anregt, sich auf den Wandel der Natur einzulassen. »Die Natur im Frühling ist erotisch«, sagte Barbier, »junge Triebe haben eine Energie, die den sexuellen Trieben nahe ist.« Als Ergänzung zu vorhandenem Gras und Schilf pflanzten sie großblättrige Pflanzen wie Pestwurz und Mammutblatt. Ihr Hauptziel war jedoch, verführerische Nistplätze für die Göttin Mappa zu kreieren – eine Erfindung von Barbier –, die bisher in noch keinem natürlichen Habitat vorgefunden wurde.

Als das Festival eröffnet wurde, waren bereits mehrere Manifestationen der Göttin erschienen: Gruppen von hell-rosa, Ei-förmigen Objekten, die sowohl an Hände wie auch an Zitzen erinnerten. Nur eine ausreichend vulgäre Phantasie konnte ahnen, dass es sich um schaumgefüllte Latex-Handschuhe handelte. Die zentrale Gruppe war mit einem Motor versehen, der die Handschuhe in unvorhersehbaren Intervallen in Verzückung und Raserei versetzte. Da dies ein Garten der Gleichberechtigung war, gab es auch Reihen von hängenden Gurken an hellrosa Bändern (fabriziert aus den Rändern von Gummihandschuhen). Barbier mag Skulpturen, die hingebungsvolle Betreuung erfordern. Er pflanzte geduldig Gurken und wartete, bis sie reif waren.

Die »Göttinnen«, andächtig in abgelegenen Ecken präsentiert, wuchsen und wurden im Lauf der Zeit größer. Die Künstler kamen regelmäßig vorbei, um die Veränderungen des Gartens zu beobachten – und um weitere Handschuhe mitzubringen! Beide waren für Überraschungen aufgeschlossen: »Ich kann keinen Garten anlegen, wenn ich genau weiß, was dabei herauskommen wird«, sagte Duthoit. Von Anfang an gab es einen ungeplanten Chor von Fröschen, später erblühte ein Rosenbusch aus dem Vorjahr in Rosa und Weiß.

Duthoit ist Clément dankbar: »Er brachte mir bei, meine Umgebung liebevoll wahrzunehmen, mit einer bestimmten Art von Freude. Gärten als einen privilegierten, experimentellen Ort zu erleben. Vertrauen zu haben in die Arbeit mit dem, was gerade vorhanden ist.« Clément bedauert das Fehlen der Intimität zwischen Gärtner und Garten bei Festival-Installationen, Mappas Nester bildeten jedoch eine Ausnahme. Ihre Laune, Energie und Großzügigkeit hat sie von ihren Erzeugern geerbt.

Gegenüber Der Bildhauer Eric Barbier war glücklich, in Chaumont einen Ort gefunden zu haben, der sich als Nistplatz seiner *Göttin Mappa* eignete – ein Gummihandschuh-Wesen, das er vor Jahren kreierte. Sie nistete an mehreren Orten und wuchs mit der Jahreszeit.

Der Designer Rémi Duthoit, der von dem »moving garden« seines ehemaligen Lehrers Gilles Clément beeinflusst ist, war froh, Gräser und Schilf vom letzten Jahr integrieren zu können.

Klang

In Freiluft-Anlagen kann der Gang der Zeit kunstvoll einer Folge von Klangbildern zugeordnet werden. Der Landschafts-Historiker Alain Corbin erinnert daran, dass die ersten zeitgenössischen Experimente mit »Soundscapes« (Klanglandschaften) von dem kanadischen Künstler R. Murray Schafer in den 1970er Jahren veranstaltet wurden.[7] Er weist darauf hin, dass durch Klänge definierte Landschaften eine grundlegend andere Wahrnehmungsweise ermöglichen als ihre visuellen Gegenstücke. Zuerst einmal sind sie flüchtiger; sie sind multidirektional, da sie aus allen Richtungen wahrgenommen werden (im Gegensatz zu Panoramen, die sich vor uns ausbreiten), sie sind sprunghaft und oft geheimnisvoll (oft ist die Geräuschquelle nicht auszumachen). Schließlich ist ihnen eine andere Qualität der Tiefenwirkung eigen: Augen können leichter geschlossen werden als Ohren. Im Parc de la Villette in Paris erweiterte Bernhard Leitners »Cylindre Sonore« (Klang-Zylinder) die versunkenen Bambusgärten von Alexandre Chemetoff und verband sie mit Daniel Burens schwarzen und weißen Bändern.

Mit »Musik« in Gärten können auch die zufälligen Sequenzen von Windglockenspielen oder Vogelgezwitscher gemeint sein. Letzteres impliziert Lebewesen, die wie Pflanzen mit den Jahreszeiten kommen und gehen – Vögel haben ihren eigenen Zeitplan. In Chaumont fanden sich Vogelnester gewöhnlich in Ausstellungen nahe des Eingangs, etwa *Trognes (Poller,* 1999–2000), eine Sammlung uralter Baumstämme. Nur zwei Gärten verwendeten Vögel als Teil des Designs, beide aus der Werkstatt des französisch-britischen Teams von Edouard François und Duncan Lewis: *La fontaine aux oiseaux (Der Vogelbrunnen,* 1997) und *L'arbre blanc (Der weiße Baum,* 1996). Orgeln, die Vogelklänge imitieren, sind eine uralte Tradition, die 2002 in Chaumont aufgegriffen wurde (s. S. 116).

Das unentwegte Geräusch von fallendem Wasser wird ebenfalls als musikalisch empfunden. Dieser Effekt wurde oft sorgfältig in Szene gesetzt, um monotone Wiederholung wie das Tropfen eines Wasserhahns zu vermeiden. Die meisten Aussteller haben Wege gefunden, Lautstärke und Rhythmus zu variieren. Ein

Robert Hébrard, ein »Architekt der Musik«, baute *Lithophonie et pieds dans l'eau (Lithophon und Füße im Wasser*, 1998) – ein Bambus-Turm-Wasserfall, dessen unterschiedliche Wassermengen zufällige musikalische Effekte erzeugen.

Team der Schule für Architektur und Landschaftsplanung in Genua erarbeitete *Goccia a goccia (Tropfen auf Tropfen,* 1998), das Wasser in kleine Kupfergefäße tropfte. Robert Hébrard, ein »Architekt der Musik«, baute *Lithophonie et pieds dans l'eau (Lithophon und Füße im Wasser,* 1998) mit dem belgischen Architekten Christophe Spehar – eine Art Bambus-Turm, durch den Wasser zirkulierte und eine Wipp-Bewegung der Bambusröhren auslöste, die unterschiedliche Töne erzeugte. Auch Wassergeschwindigkeit und -menge beeinflussten das Ergebnis. Hébrard hatte bereits bei *Shishi odoshi* (in Kooperation mit der italienischen Designerin Daniela Colafranchesci, 1997) Bambus verwendet. Der Titel bezeichnet eine asiatische Bewässerungsanlage, eine weitere Anordnung von Bambusröhren, die sich mit Wasser füllten, dann kippten und das Wasser über Steine und Muscheln gossen. Eine große Anzahl von unterschiedlich großen Anordnungen erzeugte eine ununterbrochene Serie von sanften Gong-Geräuschen, deren Hörbarkeit durch eine schalldichte Wand hinter den Hecken auf den Garten beschränkt wurde. Bewegung und Musik wurden außerdem unterstützt durch den dunkelroten Lack von Röhren im Kies, die umgeben waren von schwarz und weiß blühenden Pflanzen mit speerpitzenartigen oder breiten Blättern. Eine eindrucksvolle Kombination, könnte man sagen.

Unten und rechts Die Architekten Duncan Lewis und Edouard François (berühmt für seine Blumentürme) zeigten zwei Installationen mit Vögeln in Chaumont. Hier: gurrende Tauben rund um den *L'arbre blanc (Der weiße Baum,* 1996).

Gartenorgeln

1997–2002 Jean Grelier und Eric Verrier, Frankreich,
Bartolomeo Formentelli, Italien

Seit dem 15. Jahrhundert wird in Gärten mit Tasteninstrumenten Musik gemacht. Nach und nach wurden spezielle wassergesteuerte Orgeln erfunden und in Parkanlagen wie in Versailles eingesetzt. Ein spektakuläres Beispiel ist in Schloss Hellbrunn bei Salzburg erhalten geblieben, zwei in der Villa d'Este in der Nähe von Rom. Vor 2002 war *L'orgue hydraulique (Die Wasserorgel,* 1997) von Jean Grelier und Eric Verrierdas der ambitionierteste Versuch in Chaumont, diese Tradition fortzusetzen. Diese postmoderne »Garten-Music-Box« sollte nur Fragmente reproduzieren: »Geräusche der Natur, wie die Vögel ländlicher Gegenden, Bauernhof-Geräusche, Glocken und ein paar Haydn-Fragmente.« Greliers Mechanismus funktionierte wie ein mechanisches Klavier mit drei Walzen mit unterschiedlichen Spielzyklen für vielfältige Kombinationen. Der Komponist Marc Marder schlug vor, Fetzen von Musik einzubauen, die wie von oben ankamen, wie von einem Fest im nahen Château – »Phrasen durch ein offenes Fenster«. Unglücklicherweise lief alles nur zwei Tage lang nach Plan, aber zwei Wasserräder blieben erhalten. Sie steuern ein sanftes, dumpf-schlagendes Geräusch bei und haben inzwischen über viele Jahreszeiten Wasser in die Bewässerungskanäle angrenzender Gärten geleitet. Mehrere Gärten, die ihr Wasser aufnahmen, entwickelten interessante Muster von Vegetation, während hydraulische Orgeln meist nur von einer ansprechenden Anordnung von Blumen umgeben waren.

2002 wurden im Rahmen von Bartolomeo Formentellis *L'orgue bucolique (Die bukolische Orgel)* die wahren Vorzüge der Wasserräder wiederentdeckt. Seit den frühen 1960er Jahren hatte dieser legendäre Handwerker 222 Orgeln mit ausschließlich traditionellen Techniken gebaut oder restauriert. Der Sohn italienischer Eltern wurde in Frankreich geboren und studierte

Kirchenmusik beim Organisten der Kathedrale von Meaux. Seine meistbeachtete Arbeit in Frankreich war die Restauration der Orgel der Kathedrale von Albi. *L'orgue bucolique* wurde speziell für Chaumont gebaut und ist äußerst komplex: Eine Holzkurbel erzeugt jeweils den Klang einer Kuh oder eines Spechts, um eine Aufführung einzuleiten oder zu beenden. Während der Aufführung erzeugen veschiedene wind- und wassergesteuerte Vorrichtungen Imitationen von Panflöten, Hörnern, Glocken, Grillen, trillernden Vögeln, eines Kuckucks oder einer Nachtigall. Für letztere waren allein fünf verschiedene Gesänge zu hören. Es war dies schließlich das Jahr der *Erotik des Gartens.*

Klänge können einzeln oder gleichzeitig im Stil einer ganzen Landschaft gespielt werden. Die Klaviatur hatte 16 Tasten über zwei Oktaven und ermöglichte auch die Wiedergabe einfacher Mozart- und Haydn-Stücke. 2002 kamen über den ganzen Sommer verschiedene Organisten, um darauf zu spielen (in der doppelten Bedeutung des Wortes). Ein so wertvolles Instrument konnte nur von offiziellen Führern geöffnet werden, was eine neue Note in der Chaumont-Sinfonie darstellte, da üblicherweise das Publikum zum »Mitspielen« aufgefordert wurde. Über den Winter wurde die *bukolische Orgel* ins benachbarte Schloss übersiedelt.

Rechts oben und unten Formentelli erläutert: »In einer ganzen Reihe sehr alter Orgeln haben wir versteckte Klangeffekte gefunden, die eine Nachtigall oder einen Kuckuck imitieren. Sie wurden durch eine Kombination aus Luft und Wasser hervorgerufen … Kombiniert ergaben Sie das Klangbild eines ganzen Waldes voller Vögel.« Sein Instrument in Chaumont ist durch einen Weidenholz-Schrank, und dieser wiederum durch einen Käfig aus Weidengeflecht geschützt.

Gegenüber *L'orgue bucolique (Die bukolische Orgel)* war eine erstaunliche technische Meisterleistung, die während des gesamten Tages bei allen Führungen vorgeführt wurde. Der Garten rundherum hatte lediglich dekorativen Charakter.

Geschichten erzählen

Die ausgestellten Teppichbeete *(Mosaïculture)* im Jahr 2001 waren oft wie Schnappschüsse, wie eingefrorene Momente sich entwickelnder Geschichten. Das gilt auch für *Le réveil de la tortue (Die Schildkröte erwacht).* Narratives kann Dynamik in statisches Design bringen.

»Narrativ« ist zu einem Modewort im Gartendesign geworden. Von der Definition her ist eine Erzählung mit zumindest zwei auseinander liegenden Zeitpunkten verbunden. Als Design-Kategorie bietet es »eine Alternative zu den Abstraktionen der Moderne wie auch zu den Simulationen der Postmoderne«, so Matthew Potteiger und Jamie Purinton. Ihre Kategorien helfen, den Diskurs von Kritikern zu klären, die jede Anspielung auf eine ausgedehntere Situation als »Geschichte« titulieren: Die Geschichte des Ortes, wo sich ein Garten befindet, Legenden, Rituale und damit verbundene Denkmäler, soziale Probleme, auf die ein Entwurf bewusst anspielt, sowie allgemeine Ausdrucksformen wie Metapher und Metonymie, Synekdoche und Ironie, die den physischen Garten mit Bedeutungen außerhalb seiner Grenzen verbinden. Wieviel Erklärung sollte nötig sein, um Besuchern bestimmte Anspielungen begreifbar zu machen, und welche Formen sollten solche Erklärungen annehmen? Der Park von Chaumont ist ein historisches Grundstück mit eigener, vielfältiger Geschichte. Aber wie viele wussten, dass sich der Elefant in *India Song* (1999) auf ein Geschenk bezog, das ein indischer Prinz dem Schlossherren gemacht hatte? Tafeln – an den Eingängen der Gärten angebracht – bieten Hinweise zu den Installationen, wie das bei Kunstwerken allgemein üblich ist.

Soziale Probleme wurden oft angesprochen, besonders anlässlich des Themas *Phantasien in Zeiten der Rezession* (1994). Beispiel ist Stefan Tischers *Jardin et industrie (Garten und Industrie)*, der die Schwierigkeiten der ostdeutschen Industrie in einer abstrakten Komposition aus verrostetem Eisenblech, Kohlen und Maschinen-Trümmern verbildlichte. Andere Designer bevorzugen

Erzählungen, die »geerdet« bleiben, sodass der Garten selbst zur Geschichte wird. Die zwei Zeitpunkte waren in diesem Fall nicht »hier« und »jenseits«, sondern »bevor« und »nachdem« der Garten betreten wurde. Jean-Pierre Delettres *Jardin de passage (Garten des Übergangs,* 1997) gehörte zu den eindrucksvollsten dieser Kategorie: Halbtransparente Wände, an denen Wasser herunterfloss, umgaben einen weißen Steinkreis, der sich beim Verlassen zu einem weißen und einem schwarzen Pfad verzweigte. 2002 führte *Erotik des Gartens* zu vielen Variationen der Themen Einweihung, Übergang und Labyrinth. Beispiele sind: *Le jardin flou (Der transparente Garten), Les pétales du désir (Blumenblätter der Sehnsucht)* und *Erotica: les chemins de la séduction (Erotica: Wege der Verführung).* Das kontroversielle Thema *Mosaïculture* von 2001 war in sich bereits etwas anekdotisch, was an Titeln wie *Le réveil de la tortue (Die Schildkröte erwacht)* leicht abzulesen ist. Die Geschichte des stolzen Pfaus wurde durch die Präsenz eines Eis in der gegenüberliegenden Ecke des Gartens vermittelt. Der Entwurf wurde vielfach als spröde empfunden, obwohl das Narrative ein dynamisches Element in die ansonsten statische Anordnung der Beete brachte.

Garten-Festivals stoßen selbstverständlich an Grenzen. Sie können nicht mit Dauer und Nachhaltigkeit experimentieren, wie die amerikanische Architektin Kathryn Gustafson betont. Aber temporäre Gärten, die nur während einer Jahreszeit existieren, können einen einzigartigen Kontext für die Erkundung der Performance-Dimension von Design bieten, gleich ob dies momentweise oder im Verlauf einer Jahreszeit geschieht.

Rechts *Le déluge (Die Überschwemmung,* 1998) von Studenten der Université de Montréal bediente sich der Gartenkunst, um ein dramatisches Ereignis der Außenwelt zu evozieren: die Überflutung der Saguenay-Region in Quebec 1996.

Gegenüber links *Fier comme un paon (Stolz wie ein Pfau,* 2001) stellte ein weißes Ei vor verschwenderische Farben. Kritiker betrachteten solche Beiträge als vulgär – aufgrund ihrer anekdotischen Qualität ebenso wie im Hinblick auf ihr blumiges Design.

Vom Himmel zur Erde

from sky to earth 1997–99 Fumiaki Takano, Saido Higuchi, Nobushisa Inuma von Takano Landscape Planning, Japan, und Takano Landscape Planning, Taiwan; Hiroshi Naruse, Naoki Sakan, Naoki Kusumi, Mori vom Atelier Kaba, Japan

Fumiaki Takano ist einer der angesehensten Landschaftsarchitekten Japans. Der Entwurf von Takano Landscape Planning für Chaumont erzählt die folgende Geschichte: »Wasser fällt vom Himmel, bewässert den Boden, verdampft, und kehrt zum Himmel zurück … das ist der ewige Kreislauf.« Das Team entwarf zuerst »eine gerade Linie: Wasser wurde in die Krone einer Eiche gepumpt und tropfte dann an einer Kette herunter«. Nun »bewegte es sich über den Boden, verspielt, trieb dahin, bildete Wirbel« und endete in einem Strudel über Kieselsteinen, japanischen Kacheln und Licht reflektierenden Glaskugeln. »Hier bewegte es sich in einer Spiralform tief in die Erde hinein.« Für Takano ist die Spirale »ein universelles Symbol für die natürliche Evolution und eines der grundlegenden Bewegungsmuster des Wassers«.

Bei näherem Hinsehen gleitet die Erzählung aus dem Zeitlichen in den Symbolismus. Der Zyklus steht für »Geburt und Tod, aber auch für Reinkarnation, die weder Anfang noch Ende hat«. Für Takano wurde dies von drei Spiralen verkörpert, die Wasser von drei verschiedenen Orten sammelten, jeder mit eigener Ebene, Farbe, Form. Der erste und höchste war der »weiße Ort« im Westen mit runden Formen. Der südliche, »rote Ort« mit roten Kieselsteinen bot einen Ausblick auf das Château. Der tiefste und stillste »blaue Ort« bestand aus quadratischen, horizontalen Formen. Takano hatte so eine Einheit erzeugt: aus den französischen Farben Rot-Weiß-Blau und den Prinzipien des orientalischen Fusui mit seinen mythischen Figuren der vier Himmelsrichtungen, dem blauen Drachen, dem weißen Tiger, dem roten Phönix und der schwarzen Schildkröte. Ähnlich verstärkte das Vermischen von Steinen aus dem Loire-Tal mit japanischen Gips-Pigmenten das Thema der Einheit.

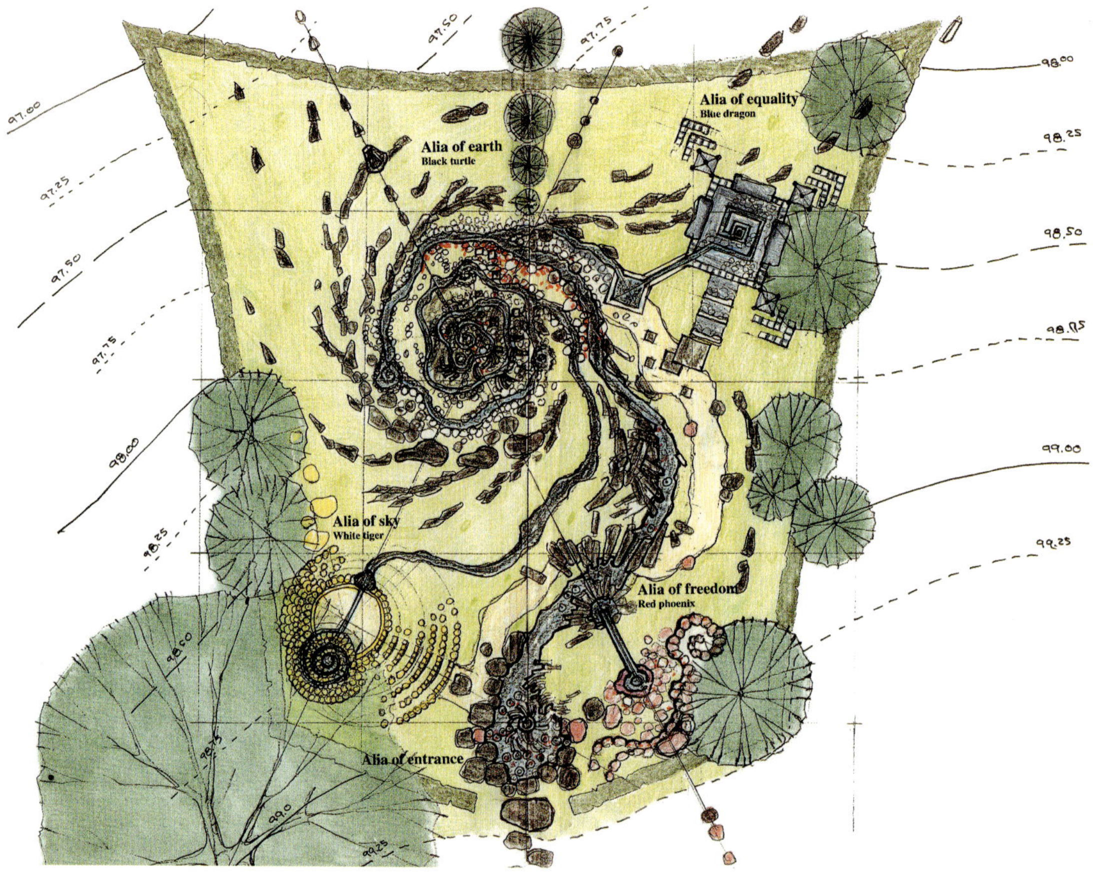

Takanos Grundriss von *From sky to earth* ist lose an einer Spiralform ausgerichtet. Er erzählt eine Geschichte vom Fließen des Wassers, während es selbst vom narrativen in den mythologischen Bereich übersetzt.

Gegenüber »In diesem Garten wurde nichts dem Zufall überlassen. Auf die Umgebung der Anlage wurde ebenso Bezug genommen wie auf das Château, die Bäume im Park und die Ausrichtung des Terrains.« (Chaumont-Kommentar).

Takano wurde von Jean-Paul Pigeat nach Chaumont eingeladen, der seine japanischen Gärten im nahe Paris gelegenen Albert Kahn Museum bewundert hatte. Das japanische Acht-Personen-Team verbrachte zwei intensive Arbeitsmonate in Chaumont, wo der Meister auch selbst kochte, wenn er an der Reihe war. Saido Higuchi verwendete Techniken aus dem Zement-Design, die er von seinem Vater Hiroyasu Higuchi gelernt hatte, dem Leiter des berühmten Atelier Kaba (Team Zoo), das ebenfalls mithalf. Pigeat nannte es eine »extrem anspruchsvolle, kollektive Arbeit« und Takano erinnert sich, dass »alle mit ihrem Herz arbeiteten und besonders achtsam vorgingen«. Chaumont-Mitarbeiter nahmen ebenfalls teil, was zu »einem sehr erfreulichen Austausch« führte. Der Garten war so erfolgreich, dass er drei Jahre lang an diesem Ort gezeigt wurde.

Oben Steine aus dem Loire-Tal vermischt mit roten, indigo-farbenen und schillernden Gips-Pigmenten, die von zwei Spezialisten aus Japan eingeflogen wurden. Wie bei den Zement-Design-Techniken von Saido Higuchi kommt hier traditionelle Handwerkskunst zum Tragen.

Links In vielfältiger Weise spielt hier das Wasser mit der Erde. Der Geist des »freudigen Austauschs«, der von den Team-Mitgliedern empfunden wurde, übertrug sich auch auf die Besucher.

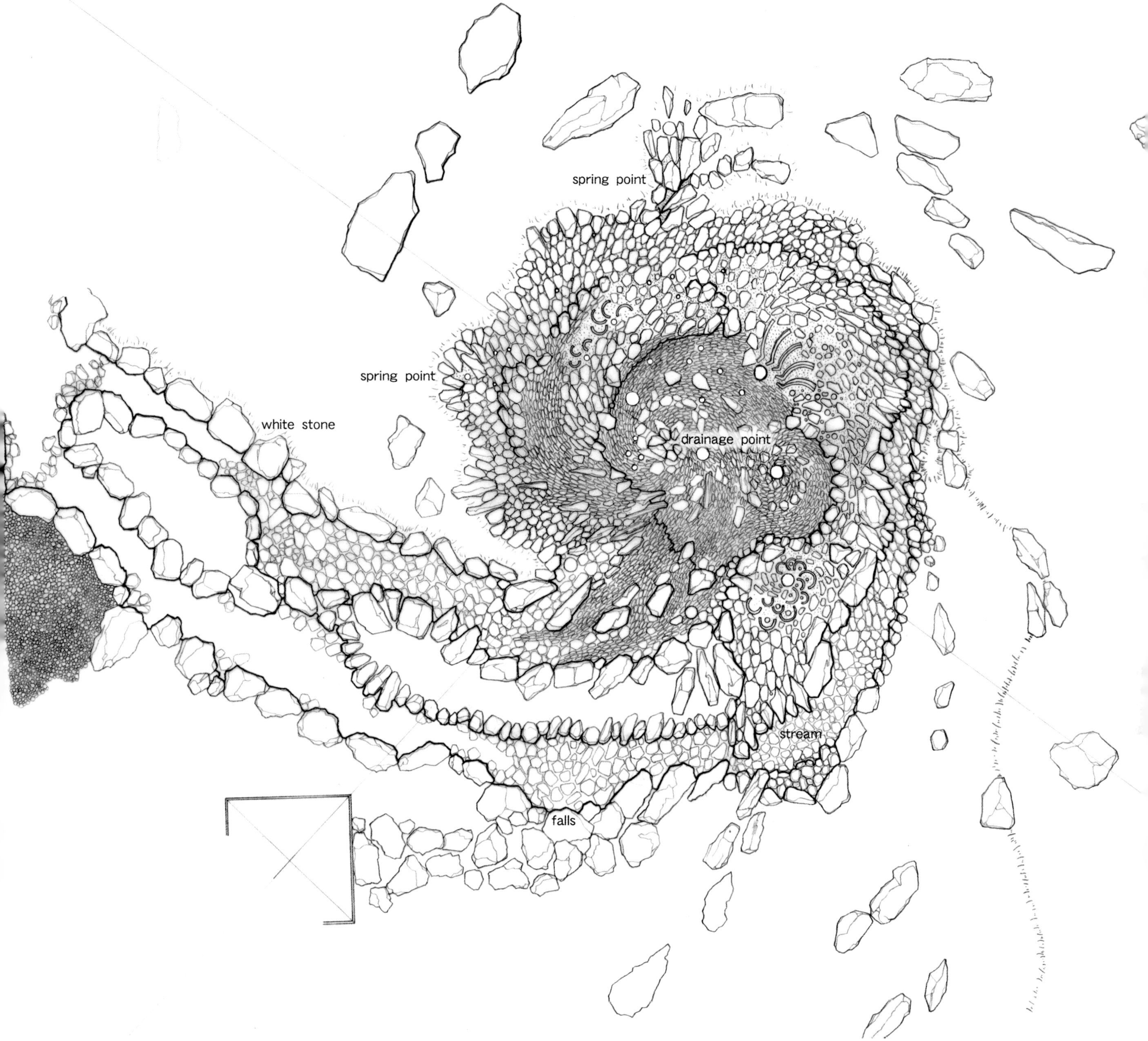

Takano schreibt: »Die Spirale ist ein universelles, kosmisches Symbol, das man überall in der Natur findet: in den Ranken der Trichterwinden, im Haus einer Schnecke. Sie suggeriert die Evolution einer Kraft, eines Zustands.«

Ziegel, Knochen, Kürbisse

jardin des os 2000 Adriaan Geuze, Niederlande

Adriaan Geuze beschreibt sein Chaumont-Projekt als ein »Stilleben« aus Ton-Scherben, Kürbissen und Knochen. genauer gesagt: Rindsknochen – eine bewusste Anspielung auf den Ausbruch des Rinderwahnsinns in Europa in den späten 1990er Jahren. Diese Installation war ein Statement über Leben und Tod und wollte Besucher zum Innehalten und Fragen animieren: »Was machen wir mit der Natur?« Für Geuze waren die Knochen das Aufzeigen eines »Tabus«. »Man erwartet in einem Garten keine Knochen«, fügte er hinzu. Es war »total bizarr«. Er hatte auch daran gedacht, Bäume, die ein verheerender Sturm in Frankreich 1999 umgestürzt hatte, in seinen Garten aufzunehmen, was aus Kostengründen jedoch verworfen wurde. Terrakotta-Flächen erinnerten an konventionelle Gartenausstattung, sie waren jedoch zerbrochen. Als Kontrast gaben die Kürbisse dem Ganzen eine optimistische Note.

Geuze und seine Kollegen von West 8 (das Büro, das er 1987 in Rotterdam gegründet hatte) arbeiten mit starken Kontrasten – je surrealer, desto besser. Das wird hier wunderbar illustriert. Der Entwurf enthielt anfangs eine Gegenüberstellung: gerade Linien und rechte Winkel versus das unvorhersehbare Wuchern von Kürbispflanzen. Die sanfte Oberfläche des Wegs verstärkte den Eindruck der scharfen Scherben, der weichen Kletterpflanzen und der trockenen Knochen. Über allem stand das Kontrastieren regloser, mineralischer Fragmente und (einst lebendiger) Knochen mit Fruchtbarkeit und Wachstum. »Die im Kiesboden gepflanzten Kürbisse lassen ihre Ranken hinauswandern, und fünf Meter weiter sitzen diese großen, leuchtenden, orangen Dinger mitten in den Knochen«, erinnert sich Geuze. Der Wechsel der Jahreszeiten ist Teil des Bildes: »Im Spätsommer stirbt das Grün, was bleibt ist ein Dialog zwischen Tod und Leben.« Grün ist es, was man in

In einem symbolischen Dialog zwischen Eros und Thanatos stellte Adriaan Geuze überbordendes pflanzliches Leben und formale Geometrien einander gegenüber. Und da er einen Garten »immer als Erzählung« versteht, nahm er hier auf die Tragödie des Rinderwahnsinns Bezug.

Pflanzliches Wachstum brachte eine ansonsten statische Komposition in Bewegung. Jahreszeitliche Veränderungen schrieben ein neues Kapitel der Geschichte, als am Ende des Festivals Kürbis-Ranken dem Frost der letzten Oktobertage nicht standhielten.

einem Garten erwartet, »eine Art Gewohnheit … ein ihm eigenes Klischee«. Hier ist es auf ein Minimum reduziert. Das begleitende Gedicht lautete: »Der Garten der Knochen/Orange, weiß/Leben oder tot/Entrecôte«.

Die Website von West 8 erläutert: »Surreale Objekte und unerwartet verzwickte Realitäten regen Menschen zum Erkennen und Entdecken an.« Ohne Angst vor dem Wort »Seele« schlägt West 8 von hier eine Brücke zu »heroischen und euphorischen Gefühlen zeitgenössischer Gesellschaften und Spiele«, wobei hier Ironie mitspielt. Das ist die ganze Euphorie der Postmoderne. Aber für den Historiker John Dixon Hunt bewirkt Geuze auch eine »genuine Umgestaltung unseres bildhaften Betrachtens«.

Geuze verwendete bewusst nur ein Minimum an Grün. Er spielte immer mit den Erwartungen der Besucher und zwang ihnen provozierende und surreale Phantasien auf. Wie viele andere Designer, setzte er in Chaumont Pflanzenwachstum als Symbol für Optimismus ein.

Pflanzen-Kraftwerk

power plants 1993 Peter Walker, USA

Peter Walker, Amerikas Doyen der Landschaftsarchitektur, sieht einen Zusammenhang zwischen seiner Arbeit und der minimalistischen amerikanischen Malerei sowie der französischen Klassik à la Le Nôtre. Walker meinte, dass »Romane geschrieben werden, um Ideen Ausdruck zu verleihen und den Lesern die Möglichkeit zu geben, über sie zu sprechen. Warum sollte ein Garten nicht demselben Zweck dienen?« Formale Fragen schließen soziale Anliegen nicht aus: »Der Minimalismus in der Landschaftsarchitektur … stellt einen künstlerisch erfolgreichen Ansatz dar, sich mit den wichtigsten Umweltproblemen unserer Zeit zu befassen: dem Anwachsen des Müllbergs und dem Schwinden von Rohstoffen.« Walker lehnt postmoderne Fragmentierung ab – zugunsten von »Reduktion und Konzentration … Rätselhaftem statt Ironie«.

Power plants illustrierte die Grundsätze des Landschaftsarchitekten, wobei sinnliche Reize ebenso zu ihrem Recht kamen.[8] Serialität und der typische modernistische Raster wurden mit spielerischer Leichtigkeit aufgegriffen: durch die symmetrische Anordnung von acht Sonnenkollektoren mit je einem blau-weiß gestreiften Liegestuhl davor. »Gestik« war durch die zentrale Achse und eine grüne Leuchtstoffröhre gegeben, die mit den Sonnenkollektoren betrieben wurde. Probleme machte der unebene Boden, aber die »Kraft einer bearbeiteten Oberfläche« wurde durch ein Sonnenblumenfeld gewährleistet. Ihre Farben wurden durch zwei Rechtecke wiederholt, die den Eingang mit der Mitte des Gartens verbanden. »Die Idee dabei war«, schreibt Walker, »die Sonne in verschiedener Weise zu nutzen, gänzlich sichtbar …« Jane Amidon fasst die Geschichte, die dieser Garten erzählt, folgendermaßen zusammen: »Eine beschränkte Auswahl an Bodenbelags- und Pflanzenmaterialen reduzierte den Prozess von Sonnenenergie und Photosynthese zu einer Ikone … *Power plants* erforschte verschiedene Manifestationen der Natur-Technologie-Dialektik unter dem Vorwand des Sonnenbadens, dem Anbau landwirtschaftlicher Feldfrüchte und dem Sammeln und Verteilen von Solarenergie.« Gleichzeitig war dieser Entwurf autonom. In Walkers Worten war es »der innere Zusammenhalt der Organisation seiner Objekte« – wie minimalistische Malerei.

Und was war aus Zeit und Veränderung geworden? Walkers urbane Großprojekte erzeugen einen Eindruck der Unveränderlichkeit. Hier wurde Kausalität spielerisch illustriert: Die Sonne scheint, die Kollektoren nehmen auf und die grüne Lampe leuchtet. Die Sonnenblumen wachsen und drehen ihre Köpfe zur Sonne. Was Walker zum Thema schreibt, erinnert an das Einmachglas von Wallace Stevens (Kap. 3): »Minimalismus hat mit Licht zu tun, mit Wetter, mit Jahreszeiten und damit, wie sie im Licht eines Artefakts gelesen werden können … es hat mich Jahre gekostet, dieses bisschen Information klar zu sehen.«

Sonnenblumen, Liegestühle und Sonnenkollektoren huldigten der Kraftquelle, die dieses geistreiche Design mit seinen ineinander greifenden visuellen Mustern inspiriert hatte.

Oben Walkers formale Geometrien wurden dem Gelände in Chaumont angepasst, aber die Unebenheit des Bodens war problematisch. Das Meer der Sonnenblumen half, dies auszugleichen und »Oberfläche« und »Serialität« zu erzeugen.

Links Walkers »Geste« war in diesem Fall das Thermometer, das geschickt die zentrale Achse betonte. Die Temperaturanzeige stieg an, wenn die Kollektoren Sonnenlicht aufnahmen. Der Energiezyklus blieb immer in Bewegung.

5

Eine Frage der Landschaft

Festival-Gärten werden oft als wurzellose Installationen in 08/15-Gehegen bezeichnet. Manche ihrer temporären Elemente sind ortsbezogen oder sogar vom Ort vorgegeben, aber die meisten sind übertragbar oder sogar transportabel. Aus genau diesem Grund geben sie Anstoß zu wichtigen Auseinandersetzungen über den Genius loci oder den kontroversiellen Zusammenhang zwischen Landschaft und Garten. Wie viele ist Roberto Burle Marx der Ansicht, dass Gärten einfach einen »Übergang zwischen Architektur und Landschaft« darstellen. Etwas genauer geht der Historiker John Dixon Hunt vor und postuliert an erster Stelle unkultivierte Natur, an zweiter landwirtschaftliche Natur und an dritter ornamentale Natur – Gärten. Wieder andere, etwa der französische Philosoph Augustin Berque, sehen Landschaft nicht als physische Realität, sondern als Projektion menschlicher Wahrnehmung. Das alte China und der heutige Westen sind »Landschaftskulturen«, aber viele andere sind dies nicht. Man kann sich Landschaft ohne Gärten vorstellen, aber keine Gärten ohne Landschaft. Ein Garten steht immer in Zusammenhang mit seinem Umfeld: Er mag sich als Gegensatz seiner Umgebung definieren, eine Konzentration dieser sein oder eine Imitation darstellen, die so kunstvoll ist, dass die beiden verschmelzen. Ablehnung, Reflexion, Anspielung, Einbeziehung der umliegenden Landschaft – alle das kann einzeln oder gemeinsam auftreten. Es ist genau diese Komplexität, die Hunt zu der Schlussfolgerung führt, »dass Gartenkunst die am höchsten entwickelte Form der Landschaftsarchitektur ist«. Er vergleicht Landschaft und Garten mit Prosa und Lyrik. Er meint, dass Landschaft, wie Prosa, alles von einer Einkaufsliste bis zu großen Romanen umfassen kann, Lyrik jedoch immer den Anspruch erhebt, Kunst zu sein.

Durch eine Ironie des Schicksals aber ist es vielmehr die Prosa der Landschaftsarchitektur als das Poem der Gartengestaltung, die ihr hohes Ansehen in der westlichen Kultur einbringt. Über Jahrzehnte wurden Designer von Architekten als ignorante und dilettantische Anstifter eines bukolischen Eskapismus abgekanzelt. Landschaftsarchitektur erfordert mehr strenge, formale Schulung, hat stärkere intellektuelle und akademische Verbindungen und wird öfter von Menschen mit einer respektablen Karriere ausgeübt. Gartengestaltung zieht oft ältere Frauen an, deren Arbeit leicht als emotional und dekorativ abgetan werden kann. Noch weiter unten auf dieser Stufenleiter sind die einfachen Gärtner, da intellektuelle Abstraktion höher geschätzt wird als manuelle Arbeit, wie kreativ sie auch immer sein mag.

Garten-Festivals – besonders Chaumont – hinterfragen diese tristen Hierarchien. Der über viele Jahre entwickelte Ansatz hob die Unterscheidung zwischen Designern, Architekten und einfachen Gärtnern auf, und Frauen sind auf allen Ebenen gleich stark vertreten wie Männer. Viele Teilnehmer beauftragen Unternehmen mit der Umsetzung ihrer Entwürfe, aber viele kommen auch selbst und schaufeln und bauen mit eigenen Händen. Die allgemeine Herangehensweise entspricht der Haltung der Designer Eric Ossart und Arnaud Maurières: »Landschaftsgestaltung ist kein Beruf, sondern ein Zustand; jeder, der im Garten arbeitet, legt eine Straße, zeichnet in den Sand, bildet eine Vorstellung von einer Landschaft.« John Dixon Hunt unterstützt diesen Gedanken, wenn er alle diesbezüglichen Aktivitäten als das »Erzeugen externer Orte« bezeichnet.

Ein Garten-Festival ist ein guter Ort, um das Lyrische und Poetische solcher externen Orte in verdichteter Form zu erkunden. Schließlich würde ein »Landschafts«-Festival weit weniger Publikum anziehen.

Gegenüber oben Bernard Wolgensingers *Désert noir auvergnat (Schwarze Auvergne-Wüste, 1994)* verdichtete die vulkanische Landschaftt der Auvergne zu einer Serie von Symbolen.

Gegenüber unten *La rizière (Das Reisfeld, 1997)* von Arnaud Maurières und seinen Studenten stellte ein Zitat aus einer fernen Landschaft dar und zugleich dessen symbolische Stilisierung.

Rechts Für *Vallon des brumes (Nebeltal)* stellte das Chaumont-Team ein Stück ihrer eigenen Landschaft zur Verfügung: die Schlucht, die das Festivalareal vom Park des Châteaus trennt.

Das Spiel mit dem Maßstab

Viele Festival-Gärten konzentrieren sich auf Landschaft als Thema und Inspiration. Landschaften können in vielfacher Weise »repräsentiert« werden. Die einfachste Herangehensweise ist das Zitat, bei dem der Maßstab beibehalten und das Fragment eines größeren Gebietes umgesetzt wird (etwa wenn der Architekt Kisho Kurokawa ein Stück tropischen Regenwalds im Zentrum des neuen Flughafens von Kuala Lumpur pflanzt[1]). In Chaumont wurde mit *La rizière* ein kleines Reisfeld mit seinen geschwungenen Konturen gezeigt, während die *Palästinensische Mauer* einen kleinen Ausschnitt der Terrassen Bethlehems auslieh. Wenn das Modell ein Garten ist und keine größere Landschaft, ist das Imitieren ohne Änderung des Maßstabs einfach. Lynden B. Millers *Neuengland-Garten* kann man sich leicht ähnlich dimensioniert in Connecticut oder Vermont vorstellen. Andererseits müsste Rachid Koraïchis algerischer Innenhof in natura eher kleiner sein.

In einer typischen Chaumont-Anlage von 250 Quadratmetern sind Verweise auf ein externes Modell meist auf einen verkleinerten Maßstab reduziert. Die Tradition ist uralt: Historiker sind der Ansicht, dass die hängenden Gärten in Babylon stilisierte Nachbildungen von Bergregionen waren und ihre Gartenbrunnen als Bild für Bergquellen fungierten.[2] Jean Mus, ein führender Riviera-Designer, verdichtete mediterrane Landschaft und Gärten in *La Côte d'Azur (Die Côte d'Azur,* 1994), indem er typische Pflanzen der wilden Garigue und südlicher Gärten mischte: Olivenbäume, Myrte, Rosmarin, Cistrose und Bougainvillea. Der Maßstab kann aber auch vergrößert werden. Serge Mansaus *Réflexion dans une flaque d'eau (Reflexionen in einer Pfütze,* 2001) verwendete riesenhafte Weidenblätter (s. S. 180). Das Team von Chaumont war unter den ersten, die großblättrige Zierpflanzen einsetzten, um ein herrliches Gefühl von Orientierungslosigkeit auf kleinem Raum zu erzeugen. Solche Spiele richteten sich oft an Kinder, wie in *Barbibulle (Barbibubble,* 1997) oder bei den Miniaturdschungeln, die für die Société Pro Urba gepflanzt wurden.

In *Barbibulle (Barbibubble, 1997)* wurden riesenhafte Kieselsteine und Blätter eingesetzt, um das Gefühl eigener Winzigkeit in den Besuchern dieses Gartens zu erwecken. Diese Art von Spiel richtete sich oft an Kinder.

Oben Bei den Spielen, die von der Société Pro Urba entwickelt wurden, kamen Wasserspiele zum Einsatz und ein Miniatur-Dschungel mit großen Pflanzen, in dem sich Kinder verlaufen sollten.

Links In *Potager en l'île (Insel-Küchengarten,* 1994) gab es weitere Wasserspiele und exotische Pflanzen wie den kältebeständigen Bananenbaum *(Musa Basjoo)*.

Lebende Wände

murs végétaux 1994–97 Patrick Blanc und Michel Mangematin, Frankreich

Patrick Blancs *Murs végétaux* riefen beim Publikum während der vier Jahre, die sie zu sehen waren, Erstaunen hervor. Später wurden sie als Teil der permanenten Gärten wieder aufgebaut. Anfänglich hatte der Architekt Michel Mangematin drei, in leichten Kurven angelegte Mauern entworfen, von denen jede in eine andere Richtung schaute. Blanc bedeckte die Metall- und Plastik-Strukturen mit einer von ihm entworfenen Oberfläche, indem er mehrere hundert verschiedene Pflanzen in ihre Taschen pflanzte. Seine Auswahl war deutlich am Ort orientiert; ihre Ausrichtung und sogar ihre Abstände vom Boden erzeugten ganz bestimmte Mikroklimate. Seither hat er mehrere ähnliche Mauern verwirklicht – etwa in der Fondation Cartier in Paris, beim Renzo-Piano-Aquarium in Genua und in den Vivendi-Wasser-Gärten in Méry-sur-Oise nahe Paris. Keine Wand ist wie die andere, jede genauestens an lokale Bedingungen angepasst. »Sie werden meine Mauern niemals als Selbstbausatz finden«, scherzt er. Imitatoren fehlt bisher sein umfassendes Verständnis für Pflanzen und sein scharfer Blick.

Blanc betrachtete seine hängenden Gärten nicht nur als wissenschaftliches Experiment verschiedener Mikroklimate, sondern als Miniaturlandschaften. Seine 26 Meter hohe Mauer im Hof eines Pariser Hotels beschrieb er als »Waldatmosphäre, die Menschen zum Träumen anregen soll«, als »gesamte Landschaft«. Blanc, Spezialist auf dem Gebiet pflanzlicher Anpassungsfähigkeit, sieht urbanen Dschungel als ein Biotop von vielen, das er ebenso bewundert wie die richtige Wildnis. Bei Gärten ist er nicht so sicher: »Ein Garten benötigt Lebensraum und -zeit von Menschen. Aber man stelle sich vor, man kommt aus der U-Bahn und sieht da plötzlich einen hängenden Dschungel, der einfach da ist – wie ein Geschenk!«

Nur ein kenntnisreicher Botaniker kann Pflanzen für jedes Mikroklima auswählen: Oben oder unten, vorne oder hinten. Größere Strauchgewächse oben erzeugen einen Baldachin-Effekt.

Oben und links Im ersten Jahr wurden die *Murs végétaux* mit einer dichten Mischung bepflanzt, etwa *Artemisia ludoviciana,* Bergenien, Buchsbaum, Wegerich, Kriechpflanzen wie Rapunzel-Glockenblumen, *Geranium macrorrhizum album »Spessart«,* Bienensaug, Steinbrech, Oregano und Lerchensporn, aufrecht wachsender Fenchel, *Sedum spectabile und ligularia*, Gräser wie *Elymus glaucus,* eigenartige Exoten wie *Beschorneria yuccoides* und große Sträucher wie *Cotinus coggygria »Royal Purple«.*

Er hat zehn Jahre gebraucht, um geeignete, inzwischen patentierte Bewässerungstechniken zu entwickeln. 1985 fand er ein ideales Material zum Pflanzen: »Aquatorf«, eine Mischung aus Torf und synthetischen Materialien, die Wasser und flüssige Düngemittel aufnehmen kann. Blanc behauptet, dass seine vertikalen Gärten zehnmal weniger Wasser verbrauchen als dieselben Pflanzen auf dem Boden benötigen würden. Sie können auch viel enger gepflanzt werden. Die reichhaltige Mischung in Chaumont hat sich über die Jahre entwickelt, um schließlich sowohl Fuchsien wie auch einen kleinen Wasserfall zu umfassen. Die Natur steuerte das Ihre bei, etwa Sommerflieder. Blancs komplexe Pflanzenkombinationen sind ebenso erstaunlich wie sein technisches Können. Das Ergebnis ist bewundernswert schön.

Oben In diesen üppigen Miniaturlandschaften sind unerwartete Gäste wie Sommerflieder wie in jedem natürlichen Biotop immer willkommen.

Links Patrick Blanc entwarf vertikale Gärten an vielen Orten Frankreichs und Europas. Keine zwei Wände sind jemals gleich, und alle entwickeln sich fortwährend weiter.

Michel Mangematins Entwurf bot Raum für viele Mikroklimate: Feucht oder trocken, in der Sonne oder im Schatten, zu verschiedenen Tageszeiten und in unterschiedliche Richtungen schauend.

Pampas: Von Monotonie zu Unendlichkeit

pampa, vers l'infini par la monotonie Martina Barzi und Josefina Casares 2001–2002, Argentinien

Martina Barzi und Josefina Casares erklären ihre Arbeit selbst: »Eine unserer Grundregeln war immer, nach einer einfachen Idee zu suchen, die den Inhalt pointiert greifbar macht, der in einzelnen Entwürfen transportiert werden soll. Wir haben nach einem nationalen Stil gesucht, im Gegensatz zu den ›Kopien‹, nach denen unsere Kunden fragen, wenn sie aus dem Ausland zurückkommen – und jetzt, da wir Direktoren der John Brookes School of Garden Design in unserem Land sind, arbeiten wir darauf hin, dass wirklich argentinische Landschaftsgestalter herangebildet werden. PAMPA INFINITA wurde als Name für unsere neue Design-Schule gewählt ... Für uns ist dieses Projekt verbunden mit Mutterschaft, Liebe zu unserem Land, dem Aufregenden und der Verantwortung des Unterrichtens und, allem voran, der reinen Freude am kreativen Akt.«

Die Pampa, das Land der Kühe, sagt alles, was es zu sagen hat, auf einem Quadratmeter, aber es wiederholt diesen über Millionen von Kilometern, die den Großteil Argentiniens ausmachen. Wie Victoria Ocampo so treffend sagt: »Amerika, wo Dimension, Multiplikation und Monotonie so sichtbar sind, färbt unsere Seele ... unsere Pampa, unser Fluss, reicht auf einer horizontalen Linie ins Unendliche.«

Die Argentinische Raumwahrnehmung wird durch sanft gewellte Formen und chromatische, monotone und unaufhörliche Wiederholung dargestellt. Pflanzen werden nicht als einzelne Exemplare behandelt, da die Pampa nie die launigen Details und variierten Kombinationen englischer Wiesen aufweist, sondern nur große Bereiche verschiedener Farbtöne: Erde, Weizen, verdorrtes Gras und getrockneter Schlamm neben ausgetrockneten Flussbetten. In der Chaumont-Präsentation schwebt das Deck über »Natur« hin, es ist das einzige von Menschen erzeugte Element über einem Meer von Gras. Die trockenen Flussbette werden durch weißen Stein verbildlicht, während rohes Leder ein weiteres Element ins Spiel bringt, das untrennbar mit der Pampa verbunden ist: Rinder. Stoppelfelder werden durch aus dem schwarzen Boden ragende Flöten und Stangen dargestellt. Wenn der Wind über die Stoppeln und goldenen Flöten weht, spielt die Musik des unendlichen Raums.

Die Farbe des in der Sonne verdorrten Stipa (Federgras) bedeckt noch eine weiteres Stück Erde; und eine unendliche Wiederholung dieses Entwurfs wird durch eine Reihe von Spiegeln am Rand erreicht. Auch Charles Darwin bereiste die Ebenen Patagoniens. Beeindruckt von Ihrer räumlichen Grenzenlosigkeit schrieb er, dass sie in ihrem gegenwärtigen Zustand wohl Ewigkeiten überdauert hatten, und dass ihrem Fortbestehen in der Zukunft anscheinend »keine Grenzen« gesetzt seien.

Einige Bewunderer von *Pampa* verglichen diese Raumkonzeption und den Einsatz von Spiegeln mit den Irrgärten und dem Faktor Zeit in den Werken des argentinischen Schriftstellers Jorge Luis Borges.

Oben und links Eine weite Landschaft wird verdichtet und abstrahiert – Erde, Weizen, in der Sonne verdorrtes Gras und Stoppelfelder. In Kurven verlegte, weiße Steine repräsentieren ausgetrocknete Flussbetten. Spiegel bilden einen vertikalen Kontrast und trennen diese Innenwelt von ihrer Außenwelt, bereichern die abstrakte Ansammlung von farbigen Fragmenten und öffnen den engen Raum zur Unendlichkeit.

Symbolische Landschaften

Jede Verdichtung von Landschaft gleitet leicht ins Symbolhafte, in Abstraktionen, sogar Minimalismen: Bernard Wolgensingers verblüffende *Désert noir auvergnat (Schwarze Auvergne-Wüste,* 1994) reduzierte die Hügel und Schluchten der vulkanischen Auvergne-Landschaft zu einem Bild aus schwarzem Basalt mit weißen Murmelkugeln, die für Quarzkristalle stehen. *Trognes (Poller,* 1999) verwendete die Form der Synekdoche, wo ein Teil für das Ganze steht, in einer rustikaleren Präsentation: Dicke Baumstämme evozierten das Bild der ländlichen Tradition der Schneitelung. Chinesische und japanische Gärten haben symbolische Landschafts-Miniaturisierung als wesentliches Element ihrer Kunst bis in die Gegenwart tradiert. 1993 schuf Shodo Suzuki in Chaumont *L'archipel (Der Archipel)* als Modell eines Zen-Gartens, integrierte aber zerbrochene Steine, die die Fragmentierung der heutigen japanischen Gesellschaft andeuteten. Suzuki, ein »lebendes Nationalheiligtum« in Japan, spendete seinen Garten für Chaumont unter der Bedingung, dass dieser bis zu seinem Tod erhalten bleiben würde. Er beinhaltet einen »geliehenen« Blick auf den Fluss und das Château am anderen Ufer

Natürlich ist die Reduktion von Landschaft auf Symbole einer der gängigsten Ansätze von Festivals. Viele der besten Beispiele in Chaumont wurden bereits in anderen Kapiteln vorgestellt. Die in Kapitel 2 evozierten Wiesen sehen auf den ersten Blick wie geliehene Landschaftsfragmente aus, haben jedoch oft symbolische Untertitel. Bei *Sillon romand (Romanische Furche,* 1996) standen doppelte Furchen für urbane Gleichförmigkeit ebenso wie für ländliche Vielfalt. Einige der besten *Gärten der Gegensätze* (s. Kap. 6) setzten verdichtete symbolische Landschaften ein um unsere Vorstellungen von Leben und Tod in Frage zu stellen. Diese Tendenz kann auch zu rein abstrakten Kompositionen führen, wo Anspielungen trotz ihrer Reichhaltigkeit keine Referenz mehr zu einem externen physischen Setting beinhalten: *Mente la menta?* (s. S. 82) und *Code naturel* (s. S. 86) sind eigene Traumlandschaften geworden, abgetrennte Visionen.

Gegenüber Shodo Suzukis *L'archipel (Der Archipel)* verwendet gebrochene Fragmente polierter Steine als Sinnbild für die Krise der japanischen Kultur. Der Kreis erinnert an den Satori buddhistischer Mönche. Die nahe gelegene Loire evoziert das Bild des Lebens als Fluss.

Unten und rechts *L'Auvergne absolu*, ein Text des Autors Alexandre Vialatte, inspirierte Bernard Wolgensinger zu seiner *Désert noir auvergnat (Schwarze Auvergne-Wüste)*: »Die Auvergne ist eine Kindheitserinnerung. Eine schwarze Erinnerung … schwarze Abteien, die schwarzen Steine von Volvic …« Eine Gras- und Basaltwüste wurde in Kontrast zu hängenden Kegeln und Pflanzen im Inneren des Zelt-Vulkans gestellt.

Die Erde in Bewegung

la terre en marche 1996 George Hargreaves, USA

George Hargreaves ist derzeit Vorsitzender des Instituts für Landschaftsarchitektur der Harvard University Graduate School of Design. Er widmet sich vorwiegend Großprojekten der öffentlichen Hand und lehnt Gegenüberstellungen wie Ökologie und Industrie oder Natur und Kultur ab. »Die meisten Landschaften«, betont Hargreaves, »haben eine so komplexe Geschichte, dass sie niemals wieder ›natürlich‹ sein können.«[3] Seine Landschaftsskulpturen »erzeugen ein Bewusstsein« für dynamische, natürliche Prozesse durch die Manipulation von örtlichem »Licht, Schatten, Wasser, Wind; zurückgelassenen Elementen von Umwelt und Industrie; Topographie und Habitat.« Dennoch lehnt er »Event-Räume« und Performance-Aspekte nicht ab. Seine Arbeit für Chaumont bildet eine wunderbare Verdichtung und Zusammenfassung seines Ansatzes. Sein Vortrag bei den Rencontres de Chaumont hatte den Titel *(Re)made Landscapes.*

Das Loire-Tal diente als Inspiration für *La terre en marche.* Der konische Hügel, der die Anlage beherrscht, bietet einen Ausblick in dieses Tal, und die Serpentinen-Formen des Entwurfs spiegeln »Prozesse der Flusslandschaft und der Hydrodynamik, werden durch technologische Mittel aber mehr zu erdiger denn zu flüssiger Materie transformiert«. Hargreaves eigene Darstellung: »Am Eingang bietet eine quadratische Kies-Plinthe eine ebene Fläche zur ersten Orientierung. Ein Hain aus im Wind oder durch menschliche Einwirkung zitternden Fiberglas-Stangen bildet den Eingang zur Plinthe und stellt die dem Festival zugrunde liegende Frage: ›Ist unsere Technologie poetisch korrekt?‹ In Kombination mit einer zitternden und bebenden, perforierten Stahl-Bank vor einem Schachtelhalm-Beet bildet dieser Hain eine poetische Brücke zwischen Technologie und Ökologie und gibt zugleich ihre Trennung bekannt. In die gleiche Kerbe schlagen die Kontraste des gemähten Grases auf dem konischen Hügel mit dem ungezähmt wachsenden Gras der Serpentinen. Eine weiße Matte von perennierenden Pflanzen auf der Rückseite der Serpentinen unterstreicht die Vielfalt der natürlichen Vegetation.«

Vieles hier erinnert an Hargreaves berühmte Villa-Zapu-Landschaft im kalifornischen Napa Valley. Landschaftsskulpturen, deren Formen natürliche Prozesse spiegeln und ökologische Gedanken reflektieren; kontrastierende Pflanzen-Teppiche in einer

Hargreaves Hügel gibt den Blick frei auf die Loire, das Leben der Flusslandschaft und hydrodynamische Prozesse. Sein Symbolismus umfasst zugleich Lokalaugenschein und Universalität.

wellenförmigen Geometrie; der Schwerpunkt auf einer einzigen, hohen Aussichtsstelle und Anspielungen auf die landschaftliche Umgebung.

Hargreaves Arbeiten sind durch Ihre Orientierung am Prozesshaften vielfach als »malerisch« bezeichnet worden und als »klassisch« aufgrund ihrer starken, einfachen, fast archetypischen Formen (beispielsweise Spiralen) sowie ihrer postmodernen Adaption von Landschafts-Kunst zu Landschafts-Praxis.[4] Wie auch immer, dieser Garten verdichtet elementare Prozesse zu einem schönen, eleganten Festivalbeitrag.

Formale Muster waren als elegante Details vom Boden aus sichtbar, aber nur aus der Vogelperspektive wurde die Spiralform in ihrer minimalistischen Gesamtheit erkennbar. Wie bei vielen Land-Art-Projekten waren auch hier Luftaufnahmen Teil der Ausstellung.

Rhapsody in Blue

rhapsodie en bleu 1995 Jacques Simon, Frankreich

Künstliche Buchen mit Blättern aus Metall fingen das Licht des Loire-Tals ein und klingelten verführerisch im Wind. Dennoch symbolisierten sie die Zerstörung der Natur durch den Menschen.

Seit über fünfzig Jahren ist Jacques Simon eine Legende in Frankreich. Er gilt als Pionier einer menschenfreundlichen Landschaftsarchitektur im Rahmen kommunalen Wohnbaus, und sein Saint-John-Perse-Park in Reims wurde zu einer Pilgerstätte professioneller Designer. In Frankreich war er einer der ersten, der mit Land Art experimentierte: Seine Europa-Fahne, groß wie ein Feld und gebildet aus Studentenblumen und Ringelblumen, lebt in der Erinnerung und in vielen Büchern[5] weiter. Die einzig vertretbaren Blickwinkel für einen Landschaftsarchitekten seien von einem Traktor oder aus der Luft, forderte er. Gärten – »kalkulierte Arrangements, in denen Pflanzen regieren« – interessieren ihn nicht sonderlich, sein Augenmerk gilt vielmehr den Vororten der Arbeiterklasse und kleinen Bauernhöfen. Mit Bäumen hingegen betreibt er fast so etwas wie einen Kult: Ob Buche, Weißbuche oder Birke, gruppiert auf raffiniert terrassierten Hängen, sind in der Lage, eine Art Gelassenheit und Rettung der Gemeinschaft zu gewährleisten.

Als Autor, Herausgeber und Lehrer ist Simon von amerikanischen Denkern wie Henri David Thoreau und Ian McHarg – er lud ihn 1960 ein, in Philadelphia zu unterrichten – beeinflusst. Dreißig Jahre später sollte er der erste sein, der den Grand Prix du Paysage, verliehen von der französischen Regierung, erhielt. Gegenwärtig konzentriert sich sein Interesse auf ökologische Themen und die gefährdeten Landschaften Frankreichs.

In Chaumont schuf Simon 1995 einen symbolischen Raum, der den Status quo von Landschaften ganz allgemein evozierte. Ein riesiger toter Baumstamm, zerschnitten und zu einem Haufen aufgetürmt, kontrastierte einen Hain aus metallenen Araukarien und künstlichen Buchen mit silber-blauem Laub. Steine und in Beton eingelassenes, poliertes blaues Glas formten sich am Boden zu Mustern rund um eine zentrale Anlage aus Holz und reflektierendem Stahl. Innerhalb dieser konnte man eine blaue Figur entdecken, die sich aus dem Boden wand: der Gärtner, dessen starrer Blick auf ein einzelnes Büschel saftigen, luxuriösen Grases gerichtet war.

Die begleitenden Texte verweisen ebenso auf die Zerstörung der Natur wie auf die Wiederkehr des Lebens und der Hoffnung. Simons eigene Notizen beschreiben die Szene sowohl als »makabre Farce« wie auch als »Unterminierung und Verzückung im Spannungsfeld zwischen Fiktion und Realität«. Sie ist »ein Filter, sowohl Ort als auch Nicht-Ort … Die Figur, die sich da aus der Erde windet, ist das Selbstporträt eines jeden von uns, offensichtlich versteinert zwischen Freude und Schuld … Die Umrisslinien am Boden sind eine Art künstliches Märchenland, die Bäume Botschafter einer Welt vor der Sprache, die metallene Umzäunung gleicht einem Schutzwall«. Vor allem aber: »Der Garten lädt den Besucher ein, die Welt metaphysisch zu reflektieren.«

Oben und links Künstliche Araukarien steigen vor einem Hintergrund aus Steinen, in Beton eingelassenem und poliertem blauem Glas auf. Im geheimnisvollen Herzen des Gartens windet sich aus der Erde der Gärtner, hypnotisiert von der einzigen grünen und wachsenden Gegenwart in diesem Garten. Einmal mehr symbolisiert an diesem abstrakten, künstlichen Schauplatz das Wachsen einer Pflanze die Hoffnung.

Kontext

Das Flair eines Orts ist aus Garten-Festivals nie auszuschließen. Jede Veranstaltung hat ihr spezielles Ambiente. In Kanada und Schweden sind die Exponate eine Art Lichtung in einer Wildnis, auf die immer wieder angespielt wird. In Lausanne und Berlin füllen die Gärten auf Zeit die geschäftigen Stadtzentren. Und in Chaumont besetzen sie Teile von Achille Duchênes unvollendetem Park aus dem 19. Jahrhundert, wo sie sich von dem experimentellen Gutshof aus – seinerseits dem Renaissance-Schloss angeschlossen – erstrecken. Von vielen Gärten aus sind die Türme des Schlosses zu sehen, weshalb Künstler sie immer wieder für ihre Kreationen »leihen«.

Designer aus Tours wurden durch die Loire und die Weiden entlang ihres Ufers inspiriert. Viele Künstler bezogen sich in ihren Kreationen immer wieder auf die Loire, wobei oft auch ein kurzer Blick auf den Fluss Teil des Kunstwerks ist.

In vielerlei Hinsicht ist Chaumont ein ideales Festival-Terrain, auf dem John Dixon Hunts drei »Naturen« – Wald, Agrarland und Gärten – zusammenströmen. Gegenwart und Vergangenheit umgeben die jährliche Kollektion zukunftsorientierter Gärten.

Das Festival-Areal umfasst über drei Hektar und liegt auf einem Plateau, das an einer Seite von einer neuen Wohnhaus-Siedlung, an der anderen von einer tiefen Schlucht begrenzt wird. Durch eine Art Burggraben ist so das Festival sowohl von den Gebäuden des Bauernhofs als auch vom historischen Park separiert. Um von der Seite der Schlucht auf das Areal zu gelangen, muss man durch einen Turm und über eine Brücke, die beide vom Beginn des 20. Jahrhunderts stammen und aus Holz imitierendem Beton gefertigt sind. Ihre märchenhafte Anmutung ist auch im Chaumont der Gegenwart zu spüren. Von der Brücke aus überblickt man das *Vallon des brumes (Nebeltal),* einen der permanenten Gärten.

Die Hecken aus Weißbuche, die die Festival-Parzellen umschließen, öffnen sich lediglich an einer Stelle – als würde die Hecke die Welt ausschließen. Bei den meisten Gärten wird beherzigt, was Peter Walker in seinem Essay *Gärten ohne Mauern* empfiehlt: Sie sind »nicht daran gebunden, abgegrenzt zu sein, selbst wenn sie Grenzen haben«, denn sie werden »von der Anordnung der Objekte innerhalb der Gärten zusammengehalten«. Die Weißbuchen-Begrenzung – sie ist unumgänglich – war jenen Künstlern nie unüberwindliches Hindernis, die die Umgebung in ihre Werke einbeziehen oder zumindest einen Kontext zu ihr herstellen wollten. Viele spielen mit dieser Begrenzung, indem sie sie durchbrechen. Solcherart hat ein Garten ein prägnantes Statement zum wild wuchernden Vorort jenseits der Mauern von Chaumont Conservatoire gegeben: In *Lointain extérieur (Blick nach draußen,* 1993) erhebt sich aus weißer Nicotiana eine Aussichtsplattform, auf der Besucher durch ein Fernglas auf eine Landschaft schauen, die von anarchischen Strukturen missbraucht ist.

Alle, die in Chaumont arbeiten, entdecken bald die subtilen Lichtwechsel des Loire-Tals. Architekten aus dem nahen Tours – vertraut mit diesen Bedingungen – wählten als ihr Thema den Fluss Loire (man kann ihn vom Park aus sehen): *Mouvements de Loire (Die fließende Loire,* 2001). Motiviert durch die Ernennung der Region zum Weltkulturerbe der UNESCO, wurden sie von den Weiden entlang des Flussufers inspiriert. Im Rahmen ihrer Präsentation zitierten sie den Schriftsteller Julien Gracq, der die Loire-Landschaft folgendermaßen beschrieben hat: »Weidenblätter, mit ihrer lanzenhaften Eleganz und ihren seidigen, silbernen Unterseiten, fügen sich in ihrer

Textur in dieses außergewöhnliche Licht an der Loire, machen die Transparenz des Windes sichtbar, nehmen Teil am Fließen, diesem Auf und Ab, diesem Schimmern des Flusses – eine wahrhaftige Choreografie mit den Konturen der Inseln.« Muster aus Weidenblättern wiederholen sich denn auch in verschiedenen Materialien dieses Gartens, wobei das beeindruckendste Beispiel dafür die fließende, aus rostfreiem Stahl geschaffene Wand mit den ausgeschnittenen Blättern ist.

Jener Raum, der die jeweils einzeln abgetrennten Gärten des Festivals umgibt, bietet eine ganz andere Art des Kontexts. Ursprünglich von Eric Ossart und den Gärtnern von Chaumont gepflanzt, geben diese Hecken sowohl ungebändigte als auch kultivierte Natur wieder. Ossart experimentierte dabei mit einer Mischung aus hohen Gräsern und Rosen, die später für die Rosarien in Blois, Orléans und für *Le jardin de l'alchimiste (Der Garten des Alchimisten)* in der Provence verwendet wurden. Was entstand, war eine Art Wiese, eine idealisierte Landschaft.

Am Fuß des Hügels liegen Chaumonts »wilde« Gärten, wovon einer das *Vallon des brumes* ist, in dem ein mäandernder Fluss sich selbst einer Nebelmaschine zur Verfügung stellt und das um Pflanzen bereichert wurde, die der Botaniker Patrick Blanc von einer Japan-Expedition mitgebracht hatte. »Wild« bedeutet hier nichts als Pflanzen, die scheinbar »wild« wachsen. Das Ziel aber ist, durch die Intervention der Künstler die natürlichen Gegebenheiten dieser Gegend zu erweitern. Ein Spaziergang durch den Talboden jedenfalls ist verzaubernd. Das Flair Chaumonts ist an den Esprit des Festivals gebunden. Ob in den Gärten oder in dem sie umgebenden Raum liegt der Akzent auf Vielfalt, verbunden mit Fantasie und Geist.

Links und oben Das *Vallon des brumes* ist Chaumonts »wilder« Garten, der den Schlosspark mit dem Areal des Festivals verbindet. Besucher können durch dieses Tal flanieren, bevor sie an einer der beiden Seiten hinaufsteigen. Sie können das Tal aber auch auf der Brücke aus Holz imitierendem Beton (erbaut um 1900) überqueren.

Oben *Le triangle d'eau* ist weit entfernt davon, wie ein fremdartiges Objekt eine Lichtung von Chaumont zu besetzen. Vielmehr glich es einem feinfühligen Sensor, der diesen Platz eroberte. Das Prisma war behutsam in der Nähe des vorhandenen Baumstamms positioniert.

Rechts Es sind speziell Kontraste, die sich durch unterschiedliche Maßstäbe manifestieren, die Tahara plant: Die umgebende Natur erhält Eingang durch die Reflexionen des sich bewegenden Wassers, ihren Widerhall findet sie aber auch in der kleinen Insel aus Moos und Steinen.

Gegenüber Taharas Meisterschaft, was Bewegung, Reflexion, Verkehrung und den Wechsel von Hell und Dunkel – eine Art »chiaroscuro« – betrifft, hat bedingt, dass sein Œuvre als barock bezeichnet wird. Hier bewegt sich die natürliche Landschaft Chaumonts ununterbrochen über seinem Wasser-Dreieck.

Das Wasser-Dreieck

le triangle d'eau 1998 Keiichi Tahara, Japan

Keiichi Taharas Kunst trägt die Bezeichnung »light sculpture photography«. Das bedeutet eine Vielzahl von Arbeiten: Projektionen und »leichte« Installationen ebenso wie die Regenbogen-Bänder, die die Gewölbe über dem Saint-Martin-Kanal in Paris erleuchteten; Objekte wie Steintafeln, die photographische Fragmente von barocken Kunstwerken zu absorbieren scheinen; eine gewaltige Landschaftsszenerie mit Lichtsäulen und

Kristalltotems, die in den Ozean bei Mont Saint Michel (Normandie) führen. Zu seinen Arbeiten zählen aber auch Gärten wie beispielsweise der »Niwa« genannte, schwarz-weiße Kiesgarten der *Maison européenne de la photo* in Paris. All seine Werke zeichnen in sich die Welt rundum, deren Substanz durch die verwendeten Materialen ebenso integriert wird wie durch Licht-Reflexionen.

Das Wasser-Dreieck in Chaumont war eine flache, schwarze Platte, die sich leicht dem Eingang dieses Gartens zuneigte. Eine Spitze war nahe der Baumstämme zweier Buchen positioniert und wies damit exakt in ein Grün von unterschiedlicher Höhe und Dichte. Die dunkle Heckenlinie von Chaumonts Parzellen war lediglich an den Seiten zu sehen. Ohne Unterlass floss Wasser über das Dreieck und reflektierte das Dach aus unterschiedlichem Laub, den Himmel und die ziehenden Wolken. Es plätscherte sanft aus einem zentralen Brunnen, bevor es wiederverwertet wurde. Zwei vertikale Akzente vermittelten die Komplexität des Werks: erstens das Prisma, das parallel zu zwei nahen Baumstämmen errichtet war, deren Farbe zwischen Weiß und Gold wechselte, wenn das Licht sie traf; zweitens das gerahmte Bild eines weiblichen Torsos, der mit derart verblüffenden Schatteneffekten fotografiert war, dass jeder Teil dieses Körpers für sich zu schwimmen schien – eine Hand, eine Brust. Dieses erstaunliche Chiaroscuro fand seinen Widerhall im Kontrast des schwarzen Dreiecks mit der weißen Säule. Keiichi Tahara erklärte 1999 in einem Interview, dass »weißes Licht die Sensation, die Impression, die Emotionen repräsentiert, wohingegen Schwarz das Innere der kreativen Vorstellungskraft ist«.[6]

Kunstkritiker pflegen Taharas Werk mit dem europäischen Barock zu vergleichen, speziell dann, wenn er Gegensätze wie Himmel und Wasser aufzulösen beginnt. In *Le Triangle d'eau* spiegelt eine kleine Insel aus Moos und Kieselsteinen den Rahmen aus Blättern rundherum wider – bei diesem Größenkontrast geriet die Wahrnehmung in eine Kluft zwischen unauflösbaren Gegensätzen. Sowohl Japan als auch Europa inspirierten Tahara. Als Kind schwamm er in Teichen bei Kyoto, schon damals fasziniert von den reflektierenden Elementen der Natur rund um ihn, wozu auch Pinienstämme zählten. Als Tahara 1972 das erste Mal nach Frankreich kam, fand er das Licht von Paris grell im Vergleich zu jenem Kyotos. Die Idee zu diesem Garten kam ihm nach einem langen Spaziergang entlang der Loire – und möglicherweise war es das Loire-Tal, wo er etwas von der diesigen und sich ständig verändernden Leuchtkraft seines Japan wiederentdeckte.

Wilder Eisenpfad

sentier de fers sauvages 1998+ (ein permanenter Garten)
Jean Lautrey und das Conservatoire international des parcs et jardins et du paysage, Frankreich

In der schroffen Schlucht, die das Festival-Areal begrenzt, hat der Bildhauer Jean Lautrey ein Serie exzentrischer Gärten vorgestellt, die sich in der umgebenden Natur auflösen – romantische, falsche Ruinen, halb bedeckt von der Vegetation. Inspiriert wurde Lautrey von einem Gedicht Rainer Maria Rilkes, welches – sehr ähnlich dem berühmten *Galante Feste* von Paul Verlaine – das Bild vergessener Schlossgärten evoziert: »Jetzt gehen ihnen alle Gärten nach –/und fügen still und ohne Augenmerk/sich in des fremden Frühlings helle Gammen/und brennen langsam mit des Herbstes Flammen/auf ihrer Äste großem Rost zusammen,/der kunstvoll wie aus tausend Monogrammen/geschmiedet scheint zu schwarzem Gitterwerk.«[7] Als Lautrey seinen exzentrischen Garten baute (was er gemeinsam mit seinem Sohn Gaspard tat), arbeitete er »vollkommen versunken« in den Klang von Antonio Vivaldis Sonate Nr. 12 *La Folia* – und schlug zuallererst einen Pfad in das Dornengestrüpp.

Fers sauvage sind Stahlstützen, wie sie für Baukonstruktionen Verwendung finden. Hier dürfen sie allerdings bewusst rosten. Dort, wo sie ein hölzernes Amphitheater umgeben, das aus zu Sitzen geformten Baumstämmen besteht, treffen Besucher erstmals auf sie. Der Ort – geschützt durch überhängende Eschenäste – ist für Picknicks ebenso beliebt wie für hin und wieder stattfindende Aufführungen von Schauspielern oder Musikern. Nun folgt eine Serie, die gleichermaßen verspielt und schön ist, die entdeckt und nicht nur bewundert werden will: ein gewundener Tunnel aus Eisenstangen, die zu einem Bogen geformt wurden; eine Miniatur-Hängebrücke – vager Geist weit entfernter urbaner Verwandter – über der halb eingebrochenen Schlucht, bedeckt mit Moosen; ein gigantischer

Lautreys »falsche« Ruinen verwandeln eine wilde Landschaft in Chaumont in Kunst – jene romantische Tradition pittoresken Verfalls heraufbeschwörend, in der so viele exzentrische Gärten entstanden.

Links und oben Richard Wellers Urteil trifft auf Lautreys Werke durchaus zu: »Besser als von Landschaft – ein Begriff aus dem 17., 18. Jahrhundert – zu sprechen, ist es, die Wörter ›Gefüge, Struktur‹ oder ›Feld‹ zu benutzen. Strukturen und Gefüge bedeuten eine Mischung von Materialien; oft etwas, das wir einst als Mischung aus Natürlichem und Unnatürlichem kategorisierten.«

Baumstamm aus verlötetem Metall rund um drei vorhandene Baumstämme, die – dank der Größenverhältnisse – aussehen wie neue Triebe. Der metallene Baumstumpf trägt eine Mammutbaum-Scheibe, die als Terrasse Verwendung findet – gerade groß genug für Liebende –, von der man einen grandiosen Blick auf das Schloss hat. Die Höhle darunter suggeriert mysteriöse Bewohner.

Die letzte in dieser Reihe von Installationen ist ein Eisentor – wobei die Torflügel schief in den Angeln hingen, als wären sie halb herausgefallen – unter einer alten Rosskastanie, halb begraben von Geißblatt, einer Kletterrose und noch mehr Brombeersträuchern.

Lautrey arbeitet oft als »Szenograf«, eine Kombination aus Bühnen- und Kostümbildner. Der *Sentier de fers sauvage* transformiert ungezähmte Natur in eine künstlerische »Repräsentation«, vergleichbar Wallace Stevens Einmachglas auf dem Hügel in Tennessee (*Anecdote of the Jar,* s. S. 76) oder traditionellen Gartenexzentrismen. Aber Lautreys Skulpturen spiegeln auch jene pittoreske Tradition, die Unterschiede zwischen Repräsentativem und der Landschaft verwischt.[8] Scheinbar aus der Umgebung selbst entstanden, halten sie erfolgreich diese komplizierte Balance – diskret wie ein Spinnennetz, aber niemals unsichtbar.

Oben Der falsche Baumstumpf lässt lebende Bäume wie Triebe erscheinen, die wachsen, nachdem man den Baum gefällt hat – das allerdings in gigantischer Größe. Von der kleinen Terrasse öffnet sich der Blick auf das gegenüberliegende Schloss.

Rechts Lautreys Zeichnungen zeigen den Tunnel, wie er aus Baustützen konstruiert wird. Später wird er von Vegetation bedeckt sein und so mit seiner Umgebung verschmelzen.

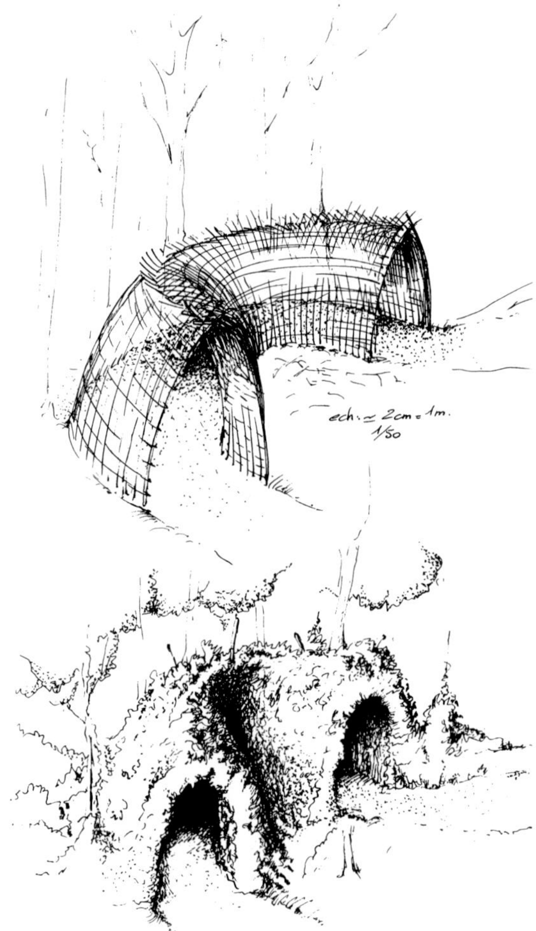

Gegenüber Wie Spinnennetze in einem Garten entdeckt man diese Skulpturen erst auf den zweiten Blick. Sie belohnen genaues Hinsehen, erweitern aber auch die Perspektive auf die Umgebung und das sich verändernde Licht.

6

Esprit und Witz

Gärten werden oft als pastorale Idyllen empfunden, als idealisierte Natur, Refugien wie Shakespeares Wald von Arden oder die Gärten des Boccaccio, wo Tyrannen und Plagen in Schach gehalten werden. Gehört nun Humor in den Garten oder zu den feindlichen Kräften außerhalb? Historiker sehen Späße wie etwa die Wasserspiele in Renaissance-Gärten als Ausnahmen, wenn nicht sogar als Abweichung vom Üblichen.[1] Doch Humor, Ironie und Persiflage lässt sich im zeitgenössischen Design-Repertoire durchaus finden – speziell in Chaumont.

Charles Baudelaire schrieb eine Novelle über das Lachen, in der es sich um Virginie handelt, eine reine, junge Heldin, die in Paris ankommt. Erfüllt von engelhaftem und gefühlvollem Idealismus, erblickt Virginie in einem Schaufenster eine Karikatur – ein Stück abscheulicher, anzüglicher, niederträchtiger Satire. Weit davon entfernt, zu lachen, fühlt sie sich abgestoßen. Aber je länger sie in der Stadt wohnt, desto mehr ist ihr nach Lachen zumute. Baudelaire unterstellt, dass Lachen korrumpiert, diabolisch und unvereinbar ist mit Unschuld.

Es gibt Gärten, die Virginie gleichen, und Künstler, die sie verspotten, die, wie der amerikanische Landschaftsarchitekt Ian McHarg, jede »Beteuerung, Natur sei gütig, großzügig, gefühlvoll und friedfertig« ablehnen. McHarg bestreitet kategorisch, »dass Gott in einem Garten leichter zu finden« sei,[2] während Ian Hamilton Finlay einen funktionsfähigen Panzer in seinen Garten *Et in Arcadio ego* stellte. In bukolischen Gärten, sagen deren Kritiker, florieren Klischee und Anpassung, die Feinde der Kunst. Eine Gruppe französischer Landschaftsarchitekten verurteilt nach wie vor private Gärten als Manifeste sentimentalen, bourgeoisen Fluchtverhaltens und unterstellt dem Festival, das auch noch zu ermutigen! Aber Chaumont steht auf der Seite des Lachens …

Es war die Postmoderne, die erstmals eine Ästhetik der Persiflage und der Parodie einführte – was sowohl die Straßenkultur als auch die Avantgarde einschließt – und ihre fragmentarischen Bilder genoss.[3] Banalität, wie der Bagel-Garten von Martha Schwartz, ist absolut in der Lage, jener Stoff zu sein, aus dem Kunst besteht, soferne man die Sache mit Humor betrachtet. Gartenzwerge richten sich an Baudelaires Erben, die im Kitsch eine verrückte Welt der Inspiration finden, und zwar exakt deshalb, weil sie das Gegenteil des guten Geschmacks der Mittelklasse sind.

Die Postmoderne zelebriert das Karnevaleske als, wie der russische Historiker Mikhail Bahktine schreibt, eine Umkehr konventioneller Logik und Werte, bei der Sarkasmus und Aggressivität auf die Spitze getrieben werden, die andererseits aber auch die Freude am Spiel um seiner selbst willen sein kann. Baudelaire pries auch das »absolut Komische«, wenn es jenseits der Satire zur puren Poesie wird. In Chaumont wird jede dieser Varianten geboten. Viele sehen das Festival als eine Art Erbe der 1968er-Bewegung in Paris, als Studenten das Recht forderten, »ihre Träume als Realität zu nehmen«.

Das Team von Chaumont achtet jedoch darauf, Repräsentanten aller Gruppierungen einzuladen – auch die Virginies. Charles Dard, Professor an der konservativen Ecole nationale supérieure du paysage in Versailles, kommentiert das folgendermaßen: »Nicht nur, dass Pigeat kein Snob ist, er ist auch kein Rassist. Er lädt auch Architekten ein. Das ist Tradition bei ihm!«[4] Humor arbeitet hier für mehr Toleranz, gleichviel ob es sich um Satire, Ironie, Parodie, puren Nonsens oder Poesie handelt.

Gegenüber Mitte Chaumonts *Baobab* – ein fantastischer Baum, der ewige Tränen mit immerwährenden Blüten verbindet – wurde zum Symbol des Festival-Esprits: witzig, multikulturell, künstlich und dennoch verwurzelt in der Natur.

Rechts oben Viele halten den vermoderten Wohnwagen von *La fuite (Undichte Flucht,* 1997) für den Inbegriff schlechten Geschmacks. Macha Makeïeff, Schöpferin dieser Installation, ist berühmt für ihre satirischen Theaterproduktionen.

Rechts unten *Trois cabanes (Drei Hütten)* entspricht den *Drei Schweinchen,* einer Kindergeschichte, gemacht nur für die reine Freude – getreu dem Geist von Baudelaires »comique absolu«.

Gärten der Gegensätze

Für seinen *Jardin hostile (Feindlicher Garten,* 1995) verwendete Frédérique Garnier ausschließlich stachelige Pflanzen wie beispielsweise Kugeldisteln (*Echinops ritro »Veitch Blue«* und *eryngiums,* zudem *E. agavifolium, E. alpinum »Blue Star«* und *E. planum*).

Gegenüber oben Gärten sind verwurzelt, doch der zusammenlegbare Küchengarten in *Potager nomade (Nomadischer Küchengarten,* 1999) führt unsere grundsätzlichen Vorstellungen ad absurdum.

Gegenüber unten Der Titel *Le jardin hostile* ist ein Wortspiel mit *le jardin ose-t'il? (traut sich der Garten?).* In Chaumont tut er das.

In Marcel Pagnols Roman *Jean de Florette* jubelt der Übeltäter darüber, dass er Quellen zum Versiegen gebracht, Dornen gepflanzt und Hundsrosen gezüchtet hat: »Ich bin des Teufels Bauer!«[5] Diese widersprüchlichen Gärten enttäuschen herkömmliche Erwartungen, und zwar einfach indem sie Vertrautes in ihr Gegenteil verkehren und damit unsere Aufmerksamkeit mit Witz auf Klischees richten. Die Postmoderne liebt diese verkehrte Welt. Michael Blier, Künstler aus Massachusetts, gewann den Preis der American Landscape Architecture Association für seine Installation (1998) in Chaumont: Er ließ Bäume verkehrt herum wachsen und stellte Trampolins auf, damit die Besucher zu den Wurzeln hinaufspringen konnten. Die Schweizer Gérald und Geneviève Poussin kreierten einen Minigolf-Platz und nannten ihn *Centre d'accueil pour les nuisibles (Willkommen im Schädlings-Zentrum,* 1993). Die Hindernisse aus bemaltem Metall waren gigantischen Bremsen, Kartoffelkäfern, Moskitos und Wanzen nachgebildet. Jacques Simon verteidigte diese kontroversiellen Gärten als »eine Art triviales, provokatives Negativ« (s. S. 146).

Einige Beispiele erinnern daran, dass *friche* – Brach- oder Ödland – sich als eine veritable Quelle zeitgenössischen Designs erwies, obwohl es das genaue Gegenteil dessen ist, was wir uns unter einem Garten vorstellen. Louis Benech begann diese Arbeiten mit *Le plaisier de la friche (Die Freude des Ödlands,* 1992). Der holländische Architekt Michael van Gessel machte sich über den geheiligten Rasen her, indem er ein Stück dünnen Rasens mitten in eine saftige, grüne Wiese platzierte. Ging man darüber, sank dieses Rasenstück teilweise ein, weil die darunterliegende »Erde« aus einer »Matratze aus Wasser, dickem Filz, Isoliermaterial und Sand« bestand. Der *Jardin nomade (Nomadengarten,* 1998) hatte nicht die Eleganz flüchtiger Land-Art, sondern bestand aus verwelkten, vergänglichen Pflanzen, die mit weggeworfenen oder recycelten Fundstücken – wie zum Beispiel einem Fischernetz – geschmückt waren.

Manchmal sind diese Gärten auch schlicht komisch, satirisch oder nicht. *Y-a plus d'saisons* (1994) etwa oder *Pouf, poufs, poufs* (2001), die mit dem »Zimmer im Freien« spielten: aus Pflanzen gebaute Wohnzimmermöbel und riesige Lampenschirme als Bewässerungs-Vorrichtung. Das Problem an dieser Art witziger Gärten ist oft nur: hat man die Pointe einmal begriffen, gibt es nichts, was zu einem zweiten Blick verführt.

Die widersprüchlichen Gärten von Chaumont haben konventionelle Werte herausgefordert. Frédérique Garniers *Jardin hostile (Feindlicher Garten,* 1995) könnte mit seinen kratzenden, stechenden, dornigen Pflanzen von des Teufels Bauern gestaltet worden sein. Doch der Titel des Gartens ist auch ein Wortspiel: *le jardin ose-t-il?* – Traut sich der Garten? In Chaumont tut er das.

Nichts

nihilium 1995 Vladimir Sitta, Australien

Der in der Tschechoslowakei geborene und in Australien lebende Vladimir Sitta arbeitet von Singapur bis Los Angeles. Seine Website bietet ein »Skizzenbuch« fantastischer Landschaften, die sein Partner Richard Weller – ein Sprecher der Postmoderne – mit der westlichen Tradition exzentrischer Gärten und Grotten in Verbindung setzt. Weller beschreibt Sittas »Gekritzel« als »Objekte mit innerlicher Dramatik … gleichzeitig surreal und romantisch, sublim und sogar lächerlich … sich einer Listigkeit hingebend, die manchmal humorvoll, oft exzessiv und teilweise selbstparodierend ist«. Wie alle Werke Sittas, sagt Weller, lehnen sie die »postindustrielle Idylle« ab, die Sitta selbst als eine »der gefährlichsten Illusionen unserer Zeit« beschrieben hat.

Mit *Nihilium* beantwortete er das Thema »Kuriose Gärten«, und erweckte eine der Skizzen zum Leben. Die Holzwand in Form eines Füllhorns stand gegenüber eines Knochenhaufens. Aus dem Rücken der Wand standen die nackten Wurzeln von sechs Ailanthus-(Götter-) bäumen. Aus der inneren Kurve »stachen« die Spitzen hochwachsenden wilden Weins durch die Wand und sahen aus, als wären sie die dichten Kronen der toten Wurzeln. Die belaubten Weinzweige fielen in große Terrakotta-Töpfe, die nur mit dem Holzabfall der gebohrten Löcher – die Wunden der Wand – gefüllt waren. Versteckt in dem Füllhorn waren weitere Töpfe, die die saftigen Pflanzen der Außenseite hielten, bewässerten und ernährten. Durch kleine Gucklöcher aus Plexiglasröhren, die manchmal mit Dollarnoten ausgelegt

Gegenüber und rechts Auf seiner Website zitiert Sitta den Dichter Baudelaire, wie er Straßengaukler in Paris beschreibt, »deren enorm grausame Magie mich in den Bann einer fruchtbaren Illusion zog«. *Nihilium* setzt diese Tradition fort, indem sie mit räumlichen Illusionen ebenso spielt wie mit der Schaffung eines prekären Gleichgewichts und dubioser Zusammenhänge, die den Betrachter unterwerfen.

Oben und rechts Welcher Zauber spielt sich im Inneren dieses riesigen Füllhorns ab, damit toten Ailanthus-Wurzeln auf einer Seite lebendige Weinkaskaden auf der anderen produzieren können? Die Gegenwart des Todes – Wurzeln und Knochen – reizt die Sensibilität des Betrachters ebenso wie das trügerisch einladende Rasenstück auf seinem verborgenen Wasserbett.

waren, fand man sich Auge in Auge mit gigantischen Kakerlaken und einigen der tödlichsten Spinnenarten. Dazu hörte man das ununterbrochene Ticken eines Metronoms.

Das schmale Ende des Füllhorns – schroff abgebrochen – war vom Ende einer Leiter durchstochen, die zusätzlich einen Wacholderbaum bedrängte. Der obere Teil der Leiter war mit weißen Hühnerfedern bedeckt, während der untere bloß lag, lediglich an den abgebrochenen Enden blutrot bemalt. Wilder Mohn wuchs in einer entfernten Ecke dieses Gartens. Und eine Pappel war verbogen, festgebunden und so weit gekrümmt, dass ihre Spitze fast den Knochenhaufen berührte. Dahinter befand sich eine kleine Grassode – ein vermeintlich beruhigender Anblick, denn durch ein darunter verborgenes Wasserbett erwies sie sich als unstabil.

»Was ist Leben, was ist Tod?«, wurde im Begleittext gefragt, »was ist sichtbar und was unsichtbar?« Aufgrund des ominösen Tickens des Metronoms, des trügerischen Rasenstücks, der gequälten Vegetation, des verwundeten Holzes und des gigantischen, durch das Plexiglas verzerrten Ungeziefers war die Installation witzig, originell, pervers und eher aggressiv denn verführerisch. Hat Kunst die Funktion zu beruhigen oder herauszufordern? »Sittas ästhetische Quelle ist die Gewalt der Kultur über die Landschaft«, sagt Weller und schließt daraus: »Das ist keine leichtgewichtige Schönheit.« Baudelaire hätte vielleicht gelacht, Virginie sicherlich nicht.

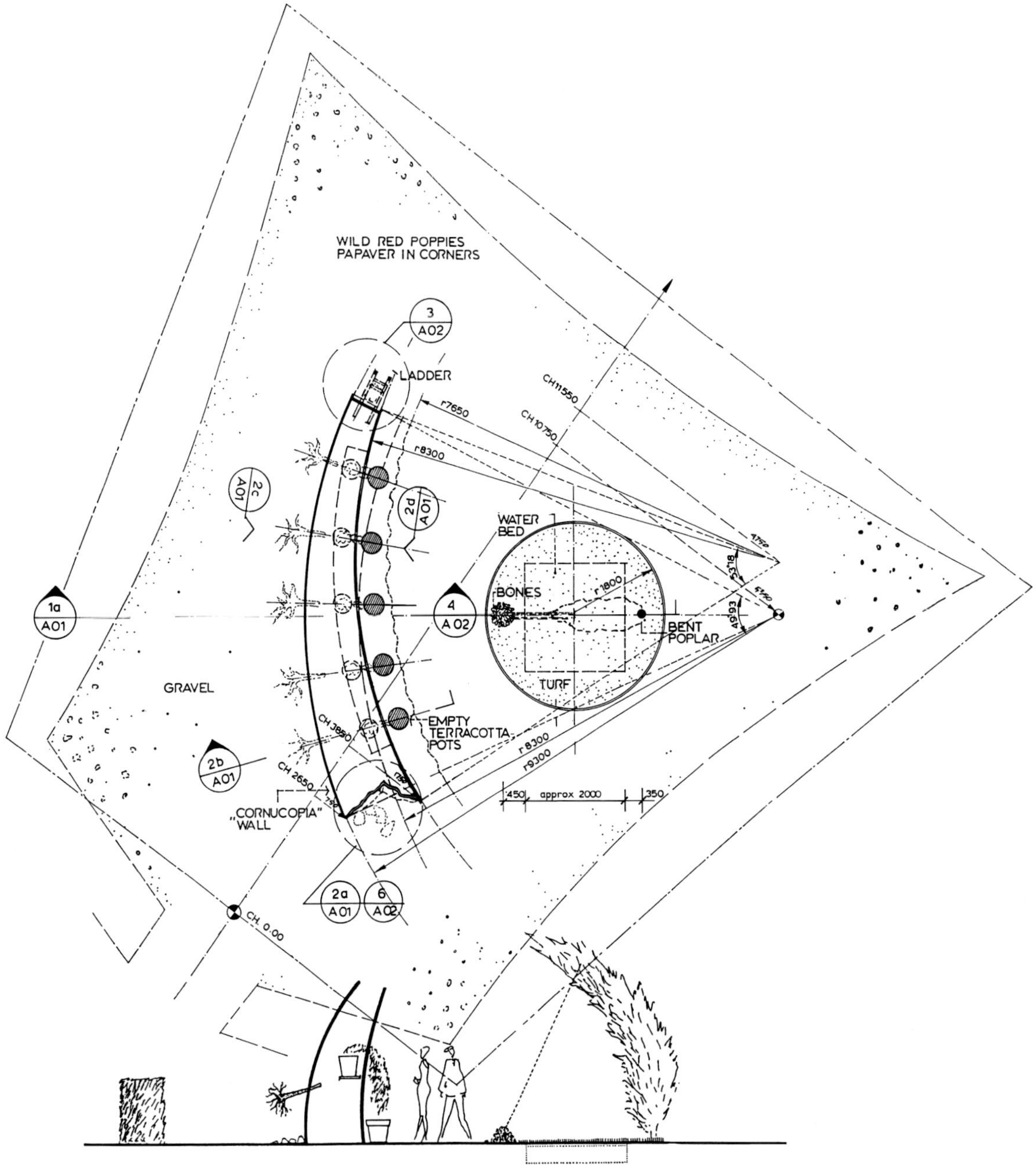

Sittas Planzeichnungen ziehen jeden Winkel und jedes Detail in Betracht, selbst den wilden roten Mohn, der vereinzelt in entfernten Ecken wächst und die rote Farbe – zwangsläufig Blut suggerierend – der Leiter widerspiegelt.

Von Form zu Schimmel: Ein Pilz-Garten

de la mosaïculture vers la moisiculture 2001 Benjamin Avignon and Saweta Clouet, Frankreich

Benjamin Avignon und Saweta Clouet, französische Architekten aus Nantes, präsentierten sich mit einer originellen Behandlung des Themas *Mosaïculture et Co.* Fast alles, was in diesem Garten wuchs, konzentrierte sich auf 350 Pilzarten – ein ganzer Kosmos aus Mikroklimaten und Miniaturlandschaften, eingefangen in kleine, runde Petrischalen. Die Vielfalt und die Farben standen in einem starken Kontrast zur ansonsten schmucklosen Installation, die aus einem transluzenten, weißen Tunnel bestand, der auf schwarzem Grund stand und von schwarzen, verbrannten und gestutzten Bäumen umstanden war. Das Ergebnis war ein Kokon, den die Besucher betreten mussten, um die Pilze zu sehen. Um diesen Eindruck noch zu verstärken, standen an jedem Ende des Tunnels – zwischen Kohl und Senfpflanzen – zwei kubische Gebilde aus Spitze, in denen sich tatsächlich Schmetterlingkokons befanden, die wöchentlich ausgewechselt wurden.

Insgesamt stieß man auf besondere Details, die immer wieder auch mit Größenverhältnissen spielten: Der Kokon selbst war aus einem breiten Streifen Calais-Spitze, die man gewöhnlich nur zur Zierde verwendet, gemacht: Bewusst eingesetzter Kitsch, der hier ein spinnenartiges Motiv bot. Weiße Plastiksterne hielten die Schmetterlingskokons über einer Metallspirale fest, innen diente weißer Plastikschaum dazu, das gesamte Exponat zusammenzuhalten. Der schwarze Bodenbelag zeigte unterschiedliche Texturen und Muster, imitierte entweder Fossilien, manchmal aber auch den Straßenbelag in Nantes. Außerhalb war der Boden elastischer und bestand aus schwarzen Gummistücken und Grassoden. In den weiter entfernten Ecken befanden sich Büschel aus Dornen und Nesseln.

In dieser schwarz-weißen Installation aus toten Bäumen und Plastik leben Pflanzen, darunter Dornensträucher, Nesseln und verschiedene Kohlarten, die als Futter gefangener schwarzer und weißer Schmetterlinge dienten.

Gegenüber Schmucklose Außen- und Innenräume waren kombiniert, um Besucher in den Tunnel zu locken, wo sie auf eine Lebendigkeit stießen, die sie hier nicht erwartet hätten: Die Petrischalen mit dem vielfarbigen bakteriellen Pflanzenleben überraschten nicht nur und waren manchmal schön anzusehen, sie riefen in der Wahrnehmung der Besucher zudem ein beunruhigendes Changieren der Maßstäbe hervor.

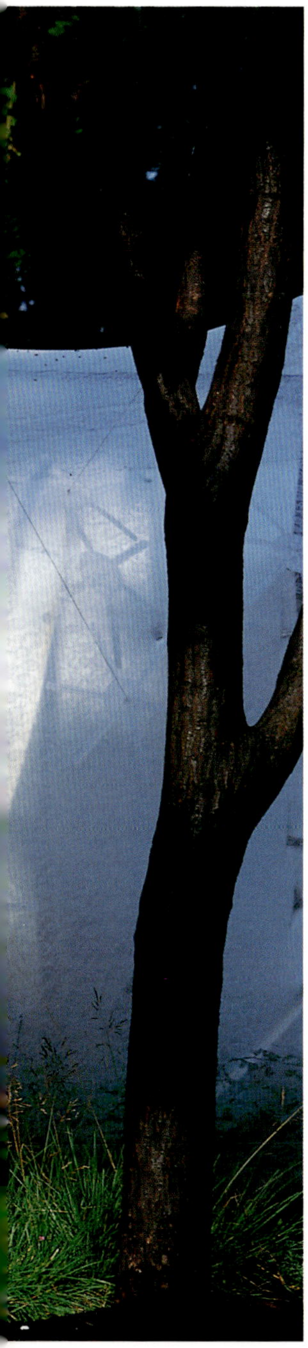

Avignon und Clouet fertigten alles selbst an, unterstützt von ihrem Kollegen Stéphane Roisnard und durch die Ratschläge von einer technischen Schule. Die Pilzkulturen wurden von M. Cahagnier zur Verfügung gestellt, einem Fachmann für diese Spezies. Die Konstruktion war so gewagt wie das Konzept selbst: Stabil war der Kokon nämlich erst in dem Augenblick, als er fertig war und man sein exaktes Gewicht feststellen konnte. Die Künstler haben darauf vertraut, dass Besucher – selbst wenn sie von Technik keine Ahnung haben – behutsam mit dem Raum umgehen würden. Sicher, das Basiskonzept war

leicht zu begreifen, dennoch war es verstörend und potentiell feindlich. Aber die Installation war von derart asketischer Schönheit, dass sie viel Aufmerksamkeit erregte und zu einem der größten Erfolge des Jahres 2001 wurde.

Avignon und Clouet haben erst kürzlich einen Staatspreis gewonnen, der an Architekten verliehen wird, die jünger als 35 Jahre sind. Und im Jahr 2002 haben sie an der Architektur-Biennale in Venedig teilgenommen.

Gegenüber Aus dem Inneren in den toten, schwarzen Wald zu blicken, war fast gespenstisch. Jeder Blickwinkel zeigte etwas Neues.

Rechts Diese weißen Plastiksterne waren unter den ersten Elementen, die die Künstler herstellten. Die Sterne und die Pilzkulturen ersetzten die Blumen traditioneller Gärten.

Oben Der Tunnel aus weißem, geschäumtem Plastik wurde um einen Metallrahmen gewickelt, bevor er in Calais-Spitze eingeschlagen wurde – ein Material, das man üblicherweise zum Verzieren verwendet.

Unten Aus dünnen Holzplatten bestand der Pfad in den Tunnel. Die Platten waren wie Stoff zusammengenäht, womit sich Bilder einer Vielfalt verschiedener Texturen – wie beispielsweise Fossilien – ergaben.

Kultivierter Kitsch

Geschmack und Konvention sind die bevorzugten Ziele jedes witzigen Geists, der vergnügt mit allem Elitären Spaß treibt. Viele Projekte in Chaumont haben das zwanghaft Ordentliche der Mittelklasse und ihren »Gartenkonsum« satirisch dargestellt. *La scène du*

poisson (Fischszene, 2000) ließ den sterilen Gartenstil der 1950er Jahre – wie er von Jacques Tati in *Mon Oncle (Mein Onkel)* parodiert wurde – wieder aufleben. Wobei Christian Mallemouche, Erfinder der *Fischszene*, zugibt, von dieser fast kubistischen Abstraktion durchaus fasziniert zu sein. Eine Faszination, die Tati möglicherweise mit ihm geteilt hätte. *Ricochets sur l'art de vivre (Querschläger der Lebenskunst,* 1998) war eine Parodie auf den heutigen Anspruch an eine kultivierte Lebensart. Beide waren erstaunlich plastisch und lenkten die Aufmerksamkeit auf Inhalte jenseits des Offensichtlichen.

Die Postmoderne, sagen ihre Beobachter, geht hier weiter und freut sich an »Exzess, Spiel, Asymmetrie, dem Karneval, sogar an der Unordnung – und an ihrer Befreiung von jenen Fesseln, die die vermeintlich elitäre Meinung, sie sei bloß schmuddelige Subkultur, bedeuten«[6]. Das dafür vielleicht beeindruckendste Beispiel schuf die Theatermacherin Macha Makeïeff, Autorin von *The Poetics of Disaster,* die mit ihrem Partner Jérôme Deschamps seit 1978 unglaubliche Parodien auf die Bühne bringt. Im Jahr 1997 kreierte sie *La fuite (Undichte Flucht)* für Chaumont, ein Werktitel, der mit dem französischen Wort spielt, das sowohl »Leck« als auch »Flucht« bedeutet: Ein total verkommener Wohnwagen, halb zugewachsen von Nesseln, Kapuzinerkresse und Brombeeren, war umgeben von rostigen Vogelkäfigen, einer Wäscheleine und Plastikblumen. Manche Besucher ergriffen die Flucht.

Sigmund Freud schrieb die Freude am Witz der Befreiung von Tabus zu. Die Themenauswahl, die in Chaumont jährlich getroffen wird, stellt oft den Spaß am Enttabuisieren der Mittelklasse-Konventionen unter Beweis. *Mosaïculture et Co.,* Thema des Jahres 2001, beispielsweise präsentierte ganz bewusst einen Stil, der heute für Kitsch gehalten wird. Teppichbeete waren früher derartig populär, dass Russel Page sie als »bunte Zeugen verminderter Fantasie und einer sklavischen Abhängigkeit von Gewohnheiten« verurteilte. Was also könnte ein besseres Beispiel rehabilitierter Banalität sein als die Kunst? Jean-Paul Pigeat bekommt immer häufiger Entwürfe von jungen Designern, die mit altmodischen Bepflanzungsmustern und Pflanzenskulpturen experimentieren. Die Ergebnisse, die in Chaumont dann zu sehen sind, beweisen oft höchste Originalität.

Auch *Erotik im Garten* (2002) ermutigte zu dubiosen Erkundungen. Schließlich kann der Fokus der Gartenarbeit auf Wachstum und Vitalität schnell zur Herausforderung an den Anstand werden. Schon 1997 hoben und senkten sich in Frank Herschers *Tuyaux de Saint-Guy (Saint-Guys Rohre)* magische Pilze und Kohlköpfe vielsagend je nach Wasserdruck. Und 1999 kreierte der fiktive Rocky Siffredo (tatsächlich waren es die Studenten des Conservatoire) *Viagreen*: Nach Jahren strikt organischen Arbeitens im Garten produzierten sie gigantisches Gemüse, von A bis Z gedopt mit Stickstoff.

Interessanterweise spielten beide Themen mit Kitsch, doch nur die *Mosaïculture* sah sich Kritik ausgesetzt. Könnte das daran liegen, dass klassisches Anlegen von Beeten arrogante Kritiker beleidigt, weil es auch mit sozialem Snobismus zu tun hat, wogegen sexuelle Vulgarität bloß als politisch korrekte Freizügigkeit analysiert werden kann?

Ebenso als vulgär wurde das *Küchengarten*-Thema *(Potager)* denunziert, und zwar von den »Potagitis«, den Küchengärtnern, des ganzen Landes. Erfunden hat dieses Wort die Historikerin Monique Mosser, eine von Chaumonts schärfsten Kritikerinnen, die das ganze Phänomen als »garteneske Idiotie« bezeichnete: »Man trägt ein bisschen von da und dort zusammen, überhaupt alles, alte Eimer, und jeder ist glücklich darüber, es ist lustig und macht Spaß.« Mosser protestiert vehement gegen den Humor in den Gärten von Chaumont, obwohl ihre Attacken durchaus Witz haben.[7] Wäre Chaumont nicht derart kontroversiell, wäre der wohl kaum so effektiv.

Rechts oben und unten Kitsch, bewusst eingesetzt, mag konventionellen Geschmack und Gartenkonsum parodieren, aber er kann auch – mit seiner eigenen Eleganz – zu einer neuen Sensibilität führen. Inspiriert von Jacque Tatis Parodien, gestaltete Christian Mallemouche den fantastisch betitelten, neo-kubistischen Garten *La Scène du poisson (Fischszene,* 2000).

Gegenüber In *Rendez-vous sur l'herbe (Rendezvous am Gras,* 1995) gab es einen Rasen, der einsank, wenn man darüber ging – was die Besucher und ihre Erwartungen ins Wanken brachte.

Oben Der Baumstamm-Geräteschuppen mit seinem komischen Rauchfang schien die Behausung eines Gärtners zu sein, der gerade weggegangen ist. Dieser Eindruck wurde durch das angelehnte Fahrrad noch verstärkt.

Rechts Besonders in diesem Garten fühlten sich die Besucher willkommen. Zum Teil ist das der langen Bank beim Eingang zu verdanken, die aus einem gespaltenen Baumstamm gemacht wurde. Manche picknickten hier sogar.

Gegenüber Einfallsreich war man hier beim Verwenden wiederverwertbarer Materialien: Glasflaschen, Schneckenhäuser, Dachrinnen und Abflussrohre, eine hölzerne Kabeltrommel, Autoreifen und, am Pool, Fischnetz-Unterstützung für Tomatenranken.

Großvaters Do-it-yourself-Garten

bidouille de grand-père 1999 Patrick Chappert-Gaujal, Eric Martin und Dominique Cazal, Frankreich

Patrick Chappert-Gaujal kreiert oft Assemblagen aus Treibholz, die er »interior landscapes« nennt. Eric Martin gestaltet Gärten und leitet die Agence AD, Dominique Cazal ist Architekt. Im Jahr 1998 schufen die drei *Ricochets sur l'art de vivre (Querschläger des Lebens)*, 1999 erhielten sie dieselbe Parzelle für den hier dargestellten Garten, wobei sie sowohl die Umrandung als auch den Pool beibehielten. Niemand wurde je in Chaumont in zwei aufeinanderfolgenden Jahren aufgrund seiner Bewerbung eingeladen. Aber der Kombination aus Humor, Erfindergeist und Freude an der Sache dieses Teams war nicht zu widerstehen.

Großvaters Garten hieß die Besucher mit zwei langen Bänken aus einem geteilten Baumstamm willkommen. Einladend und bequem – und immer besetzt. Durch ein rostiges Fahrrad dahinter hatte man den Eindruck, der Besitzer dieses Gartens wäre bloß für einen Moment nicht da. Vielleicht um Wein aus der kühlen Nische im Pool zu holen oder um im Geräteschuppen – gebaut aus einem riesigen Platanenstamm – herumzukramen. Dieser Geräteschuppen mit seinem kecken, wenn auch sinnlosen, Ofenrohr schien geradewegs einem Märchen entstiegen.

Wiederverwertung war ein Hauptthema dieses Gartens, der letztlich weit unter dem zugewiesenen Budget bilanzierte. Umgeben war er von umgedrehten Flaschen und Bahnen leerer Schneckenhäuser. In Dachrinnen wurden Pflanzen angebaut. Sie standen etwas erhöht, was ständiges Bücken ersparte und die Pflanzen zudem vor Bodenschädlingen schützte. Hier wuchsen Roter Chicorée, Portulak und Löwenzahn, Physalis und Amaranth. In Orgelpfeifen aus Abflussrohren waren Karotten, Steckrüben, Broccoli, Stangensellerie und Schwarzwurzel angepflanzt. In Salatkörben an einem Seil, von dem Spiegel herabhingen, um Vögel fern zu halten, gedieh Rucola. Mangold, Auberginen, Blumenkohl, Veilchen und Rharbarber sprossen aus großen Blechtonnen, und einem Feigenbaum dienten

Nur dieses Team gewann aufgrund seiner Bewerbung in zwei aufeinander folgenden Jahren eine Parzelle (1998, 1999) für zwei vollkommen unterschiedliche Gärten. Beide waren ein humorvolles Zelebrieren lebendiger Farben und Aromen.

Rechts und oben Wasser tropfte von Kieseltürmen und floss in ein kleines Pool, wo es Großvaters Weinflaschen kühlte. Die Pflanzenauswahl bestand aus einer ganzen Reihe seltener Arten: Zuckerwurz und Schwarzwurzel, Amaranth »tricolor«, Wegerich, mehrjährige Stangensellerie, Selleriewurzel und eine lange Liste von Grüngemüse.

Rechts Die diagonal angelegten Beete und die vertikalen Kieselsteintürme gaben, inmitten von so viel farbintensiver Üppigkeit, dem Blick auf den Garten Struktur.

Unten An Netzen zwischen zwei Bäumen jenseits des Pools hingen Reissäcke, in denen zwischen Brunnenkresse Tomaten angepflanzt waren.

übereinander gestapelte Autoreifen als Blumentopf, der noch Platz für einen Kranz aus Petersilie ließ. Eine hölzerne Kabeltrommel wurde zum Käfig für fastende (sic!) Schnecken. Fischnetze, fixiert zwischen zwei Bäumen, trugen Tomaten, und kopfüber von einem Holzständer gehaltene Magnum-Weinflaschen ohne Boden dienten als Kräutergarten. Aus Baumstämmen waren Regale geschnitten, um Erdbeeren, Kirschtomaten, süße und scharfe Pfeffersorten sowie Mittagsblumen zu ziehen.

Vergnügen machte in diesem Garten auch sein überall sichtbares zeitgenössisches Design mit den strengen Diagonalen und den Kieseltürmen. Und auch wenn das für den Garten eines Großvaters einigermaßen avantgardistisch wirkte, war es doch für jeden privaten Garten adaptierbar.

Formschnitt – just for fun

topiaires pour rire 2001 Vannucci Piante, Jardiland und die Gärtner des Conservatoire international des parcs et jardins et du paysage, Italien und Frankreich

Mit *Mosaïculture et Co.* brach das Festival seine eigene Regel: Anstatt ausschließlich um naturalistische Bepflanzung ging es hier um die Erforschung formaler Pflanz-Schemata, wie sie im ausgehenden 19. Jahrhundert üblich waren. Formschnitt wurde angeregt, weil er eine dreidimensionale Variation bewusst künstlich geschaffener Formen und Muster darstellt. Tatsächlich erfinden heute Gartendesigner diese alte Technik »lebender Skulpturen« neu für sich. Erwähnt wurde der Formschnitt bereits im 1. Jahrhundert v. Chr., und zwar von Plinius dem Älteren, der Zypressen beschrieb, die zu »Jagdszenen, Schiffsflotten und anderen Bildern« zurechtgeschnitten waren. Das englische, auch in der deutschen Fachterminologie verwendete Wort »Topiary« setzt sich aus dem griechischen Begriff »topia« für Landschaft und dem lateinsichen »opera topiaria« für jede Art ornamentaler Gartenkunst zusammen. Als figurale Pflanzenskulpturen weit verbreitet in den römischen Villen der Spätantike, erlebte der Formschnitt eine Renaissance im Italien des 15. Jahrhunderts. Besonders populär war er in der Toskana, bewundert beispielsweise in der Villa Rucellai bei Prato, deren »Affen, Esel, Ochsen, Bären, Riesen, Männer, Frauen«[8] aus diversen immergrünen Pflanzen auf Weidengestellen kreiert worden waren.

Die Beurteilung in späteren Jahrhunderten schwankt zwischen Bewunderung der handwerklichen Geschicklichkeit und dem Verdikt, das Ganze sei vulgär – genau jene Ambiguität also, die man in Chaumont liebt, weil sie provoziert. Die toskanische Gärtnerei Vannucci Piante ist, was Formschnitt betrifft, führend und präsentiert bei Pistoia zahlreiche Varianten. Im Besonderen berühmt für Kletterpflanzen (u. a. Efeu, Glyzinien und Wein), benutzt Vannucci Metallstrukturen, ausgestopft mit Kokos, um den Pflanzen die richtige Unterstützung zu geben. Seine Experimente mit Liguster inkludieren Helikopter, Kajaks, den Eiffelturm, Wale und steigende Pferde.

Üblicherweise sieht man Topiary in formal angelegter Umgebung, auf Rasen oder Kiesböden und vor dunklen Hecken. Mit Hilfe der Firma Jardiland entschloss sich das Team des Conservatoires – inspiriert durch das Œuvre Henri Rousseaus –, Vannuccis fantastische Figuren in einem üppigen Dschungel zu platzieren. In Chaumont koexistierten Fische mit Vögeln, einer Giraffe, einem Elefanten und einem Huhn, während ein Auto und ein Radfahrer vorbeikamen. Den Figuren stellte man ent-

sprechende Pflanzen gegenüber: Die exotische Landschaft, eines Malers würdig, war aus Elefantenohr, Elefantenfuß, geflammten Krotonsorten, Alocasien, Papyrus, Schmucklilien, Asparagus, Palmfarn, Ackerschachtelhalm, Fingerpalmen und Riesenrhabarber gebildet. Allerdings ohne Yuccapalmen, die zu Rousseaus Favoriten zählten. Die Besucher mochten diesen Garten für das was er war: Formschnitt – just for fun.

Oben und links Im Jahr 2002 – ein Jahr nach *Mosaïculture et Co.* – übersiedelte die Menagerie in die Nähe des Eingangs zum Festivalgelände, und bildete hier, vor den Türmen des Schlosses, ein gespenstisches Begrüßungskomitee. Den ursprünglichen waren neue Figuren aus aller Herren Länder hinzugefügt worden, was Chaumonts globales Talent ebenso bestätigt wie seinen Esprit.

Gegenüber Italienische Formschnitt-Figuren ließen eine Kulisse entstehen, die von den Gemälden des Zöllners Henri Rousseau – zweifellos von den *Joyeux Farceurs* von 1906 – inspiriert waren.

Fantasiereisen

Der größte Verdienst Chaumonts liegt in dem, was die Kritikerin Murielle Hucliez als »Labor der Fantasie«[9] bezeichnet hat. Das ist jener Punkt, an dem die postmoderne Ironie dem reinen Spiel von Baudelaires »comique absolu« weicht. Das *Erotik*-Thema (2002) war die Behauptung der Vitalität, eine aktuelle Antwort auf den Thanatos der Frühzeit der Land Art. In den seit damals vergangenen Dekaden wurden Gärten ein privilegiertes Forum für die Erforschung der Frage, wofür sie denn gut seien, wenn nicht für die Bejahung der Lebenskraft.

Entre épingles (Zwischen Hutnadeln, 2001) präsentierte einen Wald von Hutnadeln, die aus einem weißen »Schleier« wuchsen. Jede Kugel war mit dunkelroter Fetthenne bepflanzt und mit einer »Palmfeder« bekrönt.

In Chaumont ist die Freude der Kinder ein Teil des Paradieses. Blumen lachen, wenn sie berührt werden, die drei kleinen Schweinchen aus dem Märchen ziehen ihr eigenes Gemüse, Roboter schlagen Purzelbaum, Miniaturinselgärten tanzen flussabwärts, Kürbisse fliegen und Schnecken veranstalten Rennen, getüpfelte Hutnadeln schweben über duftigen Blumen-Chiffon, Libellen tauchen zwischen den Brettern auf, auf denen man steht, und die Tränen des Baobab verwandeln sich in ein Meer unvergänglicher Blüten.

Mosaïculture aquatique (Aquabeet, 2001) zeigte ein »Wasserparterre« mit Fischen statt Blumen und künstlichen Pflanzen in den Aquarien – und das alles zwischen gebogenen Spiegeln mit einem Kristallbrunnen in der Mitte.

Reflexionen in einer Pfütze

réflexion dans une flaque d'eau 2001 Serge Mansau und Michel Cabornac für Yves Rocher, Frankreich

Serge Mansau gestaltet seit über dreißig Jahren Glas: von ganzen Hütten oder Kabinen aus übereinander gelegten Glasblättern bis zu den Flakons kostbarer Parfüms, darunter »Diamonds« für Cartier, funkelnde Draperien für Givenchys »Organza«, aber auch Phiolen für Kenzo, Lancôme, Cerruti und Christian Dior. Einige seiner Modelle bergen die Formen von Blättern, Baumrinden oder Wurzeln, die er während seiner Spaziergänge im Wald bei seinem Landhaus außerhalb von Paris sammelt. Die Natur hat ihn immer inspiriert, auch wenn er direktes Nachbilden vermeidet und statt dessen die Impressionen durch die Filter seiner Imagination und Träume fließen lässt. Mansau liebt das Arbeiten mit Glas deshalb besonders, weil es das Licht einfängt und die Bewegungen von Wind und Wasser spiegelt.

Im Jahr 2001 fragte ihn das Kosmetikunternehmen Yves Rocher, ob er an einem Projekt für Chaumont mitarbeiten würde. Für Mansau wurde ein Traum wahr, und er präsentierte Jean-Paul Pigeat – den er als »gigantische, kaum fassbare Persönlichkeit, gleichzeitig enthusiastisch und inspirierend« beschrieb – drei Entwürfe. Pigeat akzeptierte alle, erstmals seit es das Festival gibt. Mansaus Hauptentwurf war *Réflexion dans une flaque d'eau,* und Yves Rocher, bereits Sponsor berühmter öffentlicher Gärten in Großbritannien, sagte die Hilfe seines Pflanzenfachmanns Michel Cabornac zu.

Mansau entwarf eine gigantische Pfütze (60 Meter im Durchmesser) auf der schlanke »Blätter« zu schwimmen schienen, zusammen mit kaum sichtbaren am Grund des flachen Wassers. Beim Eingang verlief entlang einer Seite eine Plattform: Nur aus einem einzigen Blickwinkel war die Illusion perfekt, wurde durch das Glitzern der Loire im Hintergrund sogar noch verstärkt. In dieser hochst linearen Komposition strömte alles in einer Glasskulptur zusammen, die aus Milchglas-Blättern bestand, über die das Wasser in Kaskaden zurück in die Pfütze floss. Hin und wieder stiegen Nebelschwaden wie von einem herbstlichen Teich auf – voll der köstlichsten Düfte von Moos und Holz. Und Wasser und Glas schimmerten noch mehr als zuvor.

Viele Besucher verglichen die Blätter mit Gondeln oder einem Einbaum. Tatsächlich bezog sich Mansau in einem begleitenden Gedicht auf exakt diese Metapher: »Ich habe aus einer nomadischen Kindheit Dutzende kleiner Schachteln bewahrt. In allen sind unglaubliche Welten, alle in einer Nussschale … gewaltige Seeschlachten, gefochten mit Bambusblättern auf bloß einer Pfütze …« In Chaumont sah der Künstler seine überlebensgroße Landschaft als »einen Schnappschuss, aufgenommen in der Hitze des Gefechts, zusammengesetzt nicht nur aus Farben und Formen, sondern auch aus Momenten, Fragmenten der Zeit und des alltäglichen Seins«.

Mansau fing eine Kindheitsfantasie ein – jenen Moment, wenn Blätter, halb schwimmend, halb sinkend, ins Wasser gleiten. In diesem gigantischen Maßstab ähneln sie auch den »trunkenen Booten«, die Arthur Rimbaud inspirierten.

Oben Niedrig wachsende Sträucher, ausgewählt wegen ihrer Farbe und ihrer Textur, bestanden aus Berberitzen *(Berberis thunbergii »Bonanza Gold«)*, Steinmispeln *(Cotoneaster procumbens »Streibs Findling«)*, Geißblatt *(Lonicera nitida »Baggesens Gold«)*, Deutzien *(Deutzia crenata »Nikko«)* sowie Efeu und Wacholder.

Links Mansaus Glasskulpturen werden oft in Pariser Galerien ausgestellt. Der zentrale Blickpunkt dieser Vision blieb sein Glas-Blätter-Brunnen, der schillernd im duftenden Herbstnebel stand.

Grüne Phantasy Landscape: Begegnung mit Verner Panton

2002 Grégorie Reynès-Dutertre, Philippe Dutertre, Arnauld Delacroix, Patrick de Bruyn, Frankreich und Dänemark

Der dänische Architekt Verner Panton war einer der ersten, der jegliche Ambiance in seine Entwürfe integrierte und jedes Detail des Designs kontrollierte. Seine Farben waren extravagant, seine Formen futuristisch, und in den 1960er Jahren entwarf er aus einem einzigen Stück Plastik den legendären Panton-Stuhl. Die Rekreation dieses Stuhls symbolisiert Pantons Wiederentdeckung ebenso wie das rezente Interesse von Museen an seinem Design. Im Jahr 2001 präsentierte das Vitra Design Museum Pantons »Phantasy-Landscape-Raum«, der erstmals 1970 auf der Visiona-2-Ausstellung in Köln

Links Pantons berühmter Plastik-Freischwinger war hier präsentiert als eine Reihe knallpinkfarbener Stühle, die man nur vom Eingang aus sehen konnte. Sie luden zu weiteren Erkundungen ein.

Gegenüber Der halbgeschlossenen Raum, wurde im Laufe der Saison immer schattiger. Aber in Anbetracht des *Erotik*-Themas war solcherart dem Voyeurismus keine Grenze gesetzt.

Die Kletterpflanzen inkludierten Glockenreben, Trichterwinden Geißblatt, Kleines Immergrün, Schling-Knöterich und Bohnen sowie eine Reihe von Clematis-Sorten *(C. alionushka, C. x eriostemon, C.flammula, C. gouriana und C. x jouiniana »Praecox«)*.

gezeigt wurde. Es handelt sich dabei um eine Art Sitz- und Liegelandschaft, die der Kritiker Marc Spiegler einen »psychedelische Liebesfest-Ort«[10] nannte. Betreten wird *Phantasy Landscape* durch zwei Eingänge an je einem Ende, die wie Bullaugen aussehen. Im Inneren dann Sitz-, Steh- und Liegemöglichkeiten in verschiedenen Höhen und unerwarteten, organischen Formen. »Gut für eine lange Siesta … « und mühelos als förderlich, so Beobachter, für sexuelle Experimente einzustufen.

Der Architekt Grégorie Reynès-Dutertre sah den Raum in Basel und erinnerte sich an ihn, als er über Chaumonts Erotik-Thema nachdachte. Konnte man Pantons verführerische Box auf einen Garten übertragen? Würde diese Struktur überhaupt Intimität zulassen – auf einem Festival, wo Tausende täglich vorübergehen? Mit der Unterstützung von Pantons Witwe und deren Partner Philippe tat sich Reynès-Dutertre mit dem Bildhauer Patrick de Bruyn zusammen, um die exakten Proportionen sowie die inneren Strukturen des Originalentwurfs zu kopieren. Pantons Materialien wurden durch Maschendraht sowie pinkfarbene und schwarze Holzsplitter ersetzt. Außerhalb wurde eine Reihe von Pantons Plastik-Freischwingern aufgestellt, damit man die Formen vergleichen konnte. Der Gärtner und Designer Arnauld Delacroix schuf sowohl innen wie auch außen einen eleganten Dschungel aus Kletterpflanzen. Reynès-Dutertre sah in dem dadurch entstandenen Spiel aus Licht und Schatten eine Transkription der Panton'schen Farbkontraste, während sich Delacroix an die exzentrischen Gärten der Romantik erinnert fühlte. Geißblatt verströmte seinen durchdringenden Duft, und am Tag der Eröffnung begann der Schling-Knöterich zu blühen. Der Blütenschmuck war bewusst diskret, nur eine Clematis zitierte Pantons unglaubliches Pink.

Die »Erwachsenen-Spaßraum«-Qualität, die Spiegler Pantons Œuvre attestierte, war gemildert, aber nicht unterdrückt. Dieser Kritiker war der Ansicht, dass die »Retro-Welle durch höchste Ironie verhüllt wird, eine Sentimentalität, die sich vollkommen von Pantons Entwürfen entfernt. Mit einer Rückschau auf die Dekaden der Gier, die folgten, ist es ein Leichtes, den Überschwang und Idealismus seines Werks zu verspotten. Aber genau so leicht ist es zu beneiden«. Die *Grüne Phantasy Landscape* war eher elegisch denn ironisch, ein Moment der Freude – angeboten und angenommen.

Anmerkungen

Jene Zitatquellen, die an dieser Stelle keine Erwähnung finden, sind entweder in der Bibliografie auf S. 190 leicht zu identifizieren; oder die Zitate stammen aus Interviews respektive Korrespondenzen, die die Autorin mit den jeweils zitierten Personen geführt hat. Detaillierte Angaben zu den im Werk genannten Buchtiteln sind in der Bibliografie zu finden. Auf das Internet wird verwiesen, sofern entsprechende Websites zum Zeitpunkt des Erscheinens des vorliegenden Werks vorhanden waren.

Die Chaumont-Story

1 Details: s. Liste der Gärtens S. 185 oder die Website Chaumonts, auf der die Gärten jedes Jahres dargestellt werden: www.chaumont-jardins.com.
2 Stephen Anderton: *Carpet Bedding.* In: *Gardens Illustrated,* Mai 2002, S. 22.
3 Pigeat: *Les Jardins du futur,* S. 23.
4 Zitiert in der Presseaussendung von Chaumont für 2002.
5 Aude Charié, Agence Papyrus, 3 passage du Grand Cerf, 75002 Paris, Frankreich. Tel. 01 55 34 96 60 Fax 01 55 34 96 61, e-mail papyrus.r.media@wanadoo.fr. Designer-Flohmarkt: www.pucesdudesign.com.
6 Guillaume Sonnet (Eigentümer), Le Vallon du Villaret, Le Hameau du Villaret, Allenc, 48190 Bagnol-les-Bains, Frankreich. Tel. 04 66 47 62 89, Fax 04 66 47 63 83. www.capnemo.fr/vallon sowie die Beschreibung in: Jones: *Frankreichs neue Gärten.*
7 Le Dantec, Jean-Pierre: *Le Sauvage et le régulier: Art des jardins et paysagisme en France au XIXe siècle*, Paris, 2002, S. 243.

1 Globale Verbindungen

1 Richard Weller, zitiert in: www.room413.com.au.
2 Kathryn Gustafson in ihrem Vorwort zu Amidon: *Landschaftsdesign.*
3 Péchère: *Jardins dessinés.* Zitat aus der persönlichen Korrespondenz mit France Rossignol.
4 Centre Terre Vivante, Domaine de Raud, B.P. 20, Mens, 38711 Isère, Frankreich. Tel. 04 76 34 80 80, Fax 04 76 34 84 02. Siehe: Clément: *Thomas et le voyageur.*
5 Außerdem: Duane Newcomb: *The Postage Stamp Garden Book*, Los Angeles, Kalif. u. New York, 1975. Der Ansatz wurde besonders durch die *Rodale Press* in Pennsylvania (Gründer des *Organic Gardening Magazine*) und das *Sunset Gardening Magazine* an der Westküste ermutigt.

2 Was Pflanzen können

1 Patrick Blanc: *Un Peu de botanique* verfasst für Pascal Héni und auf einer CD veröffentlicht, die in Paris am 4. Dezember 2000 während eines Live-Konzerts im Hôtel de Bondeville aufgenommen worden war.
2 CIRAD im Internet: www.cirad.fr.
3 Désiré Bois/A. Pailleux: *Le Potager dun curieux,* Marseilles, 1892 (Reprint 1993).
4 Ossart und Maurières: *Jardins nomades et tapis de fleurs*, S. 3.
5 Zitiert in einer Besprechung von Robert Schäfer: *Kienast-Gärten.* In: *Land Forum*, Frühjahr/Sommer 1998.
6 Dieses Zitat ist eine Übersetzung der ersten Zeilen von Bob Wilsons Biografie auf dessen Homepage: www.robertwilson.com.
7 Zitiert im MASS MoCa Online-Ausstellungskatalog für Robert Wilsons *14 Stationen,* Station 5, 2002.
8 Pigeat: *Les Jardins du futur,* S. 123.

3 Landschaftskunst

1 Wallace Stevens: *Anecdote of the Jar*, Erstveröffentlichung: 1919. *Anekdote über ein Glas:* Ich stellte ein Glas ab in Tennessee,/rund war es, auf einem Hügel./Eine schlampige Wildniss/umgab den Hügel.« »Es übernahm die Herrschaft überall.« Trotz intensiver Recherchen konnte keine poetische Übertragung dieses Gedichts gefunden werden – es bleibt nur, mit dieser Rohübersetzung vorlieb zu nehmen. Eine Auswahl kritischer Interpretation bietet u. a. die Website: www.english.uiuc.edu/maps/poets/s_z/stevens/jar.htm.
2 Richard Long: *Walking in Circles,* London, 1991, zitiert in Weilacher: *Zwischen Landschaftsarchitektur und Land Art,* S. 16.
3 Richard Weller, zitiert in: www.room413.com.au.
4 Double Diamond Irwin, zitiert in Tiberghien: *Nature, art, paysage.* Originaltitel: *Change, Inquiry, Qualities, Conditional, Being and circumstance,* Santa Monica u. San Francisco, Kalif., 1986.
5 Cooper und Taylor: *Gärten für morgen*, S. 178. Siehe auch: *Mirrors of Paradise:The Gardens of Fernando Caruncho.*
6 Amidon: *Landschaftsdesign*, S. 31.

4 Zeit und Veränderung

1 Walter de Maria, zitiert in Weilacher, a. a. O., S. 21.
2 Robert Smithson, zitiert in Weilacher, a. a. O., S. 17.
3 Gilles Clément: *La Friche apprivoisée,* in: *Urba*, September 1985, S. 95.
4 Hugh Johnson: *Time and The Place,* in: *The Garden,* Oktober 2001, S. 751.
5 Maurières and Ossart, a. a. O., S. 6.
6 Peter Latz: www.latzundpartner.de.
7 Im Detail beschrieben in: Corbin, *LHomme dans le paysage,* S. 29.
8 Peter Walker mit Cathy Deino Blake: *Minimalist Gardens without Walls,* in: Francis/Hester, *The Meaning of Gardens,* S. 120–130.

5 Eine Frage der Landschaft

1 Amidon: a. a. O., S. 116–119.
2 Hunt: *Greater Perfections,* S. 77.
3 Alle Zitate stammen von Hargreaves Website, auf der sein Chaumont-Projekt genauer beschrieben ist: www.hargreaves.com.
4 Siehe *The Garden Book* und die Beiträge von Potteiger und Purington, Cooper und Douglas, Weilacher, Tiberghien.
5 Siehe Simon: *Tous Azimuts.*
6 Interview mit Keiichi Tahara, geführt von Stéphanie Michut, November 1999, zitiert auf der Website der Courtoisie Galerie Baudoin Lebon, Paris: www.galerie-vrais-reves.com.
7 Rainer Maria Rilke: *Das Stunden-Buch. Von der Armuth und vom Tode,* Frankfurt/Main, 1991.
8 Hunt: *Greater Perfections,* S. 79 ff.

6 Esprit und Witz

1 Maitland/Matthews: *Gardens of Illusion*, London u. New York, 2000
2 Ian McHarg: *Nature is More than a Garden,* in: Francis/Hester, a. a. O., S. 34–38.
3 Eine Reihe von Definitionen werden angeboten in: Tim OSullivan, John Hartley, Danny Saunders, Martin Montgomery and John Fisk (Hg.): *Key Concepts in Communication and Cultural Studies,* New York, 1994 (2. Aufl.), S. 234.
4 Charles Dard im *Métropolitains* Radioprogramm, Regie: François Chaslin, France Culture, 30. Mai 2001.
5 Pagnol, Marcel, *Jean de Florette,* Paris, 1962
6 Siehe Anm. 3 .
7 Monique Mosser: *Le XXIe siècle sera jardinier, Le Jardin, notre double: sagesse et déraison,* Paris, 1999, sowie Kommentare in *Métropolitains* Radioprogramm, France Culture, in einem Interview mit François Chaslin, 16. Mai 2001: »Donc on fait de petits bouts, nimporte quoi, on met de vieux seaux, enfin tout le monde est très content de tout ça, cest ludique et rigolo.«
8 Zitiert von Geoffrey und Susan Jellicoe, Patrick Goode und Michael Lancaster in *The Oxford Companion to Gardens,* Oxford, 1986.
9 Marielle Hucliez, *Jardins et parcs contemporains,* Paris, 1998, S. 11.
10 Marc Spiegler, *Pantons Plastic Universe,* Besprechung der Verner Panton Ausstellung im Vitra Design Museum, Weil-am-Rhein, Deutschland, 5. Februar bis 12. Juni 2000.

Liste der Gärten

Die Gärten in dieser Liste sind entsprechend ihrer Erwähnung in den jeweiligen Kapiteln – sowohl im Text als auch in den Bildern und Bildlegenden – angeführt. Das Ausstellungsjahr jedes Gartens ist auf der Webseite des Festivals zu erfahren: www.chaumont-jardins.com

Zur Kontaktaufnahme: s. S. 188; ansonsten über das CIPJP (Adresse: S. 188).

Die in Klammern zur Verfügung gestellten Übersetzungen der Garten-Titel beruhen zum größten Teil auf den englischen Übersetzungen von Louisa Jones.

Die Chaumont-Story

Saules tressées (Geflochtene Weiden) 1995–96 und *Saules dans la brume (Weiden im Nebel)* 1997 David und Judy Drew

La terre en marche (Die Erde in Bewegung) 1996 George Hargreaves

Power Plants (Pflanzen-Kraftwerk) 1993 Peter Walker

Jardin de la Nouvelle Angleterre (Neuengland-Garten) 1994 Lynden B. Miller

Un jardin clair (Ein Lichtgarten) 1993 Susan Child

Jardin de graminées (Grasgarten) 1994 Bob Wilson und Mark Rudkin

Desert Sea (Wüsten-Meer) 2001–2002 Andy Cao und Stephen Jerrom

L'archipel (Der Archipel) 1993+, Shodo Suzuki

Eléments naturels (Natürliche Elemente) 1993 Haruto Kobayashi

Tunnel de bambous 1992, *Bambous* 1993 *(Bambus-Tunnel)* Hiroshi Teshigahara

A L'ombre d'une gloriette 1992 *(Im Schatten einer Gloriette)*, *La Gloriette* 1993 *(Die Gloriette)* Fernando Caruncho

Nihilium 1995 Room 4.1.3., Vladimir Sitta

Jardin des os (Ziegel, Knochen, Kürbisse) 2000 Adriaan Geuze

La fontaine de Rouchka 1992, *Cascade de seaux (Eimer-Wasserfall)* 1993 Michel Desvigne und Christine Dalnoky

Le plaisir de la friche (Die Freude des Ödlands) 1992 Louis Benech

La faute de lAbbé Mouret (Vater Mourets Fehler) 1992 Laure Quoniam

Rapsodie en bleu (Rhapsody in Blue) 1995 Jacques Simon

La serre exotique (Das exotische Gewächshaus) 1997 *La serre molle (Das sanfte Gewächshaus)* 1998 *La serre au papillons (Das Schmetterlinghaus)* 1999 Atelier de l'Entrepôt: Edouard François und Duncan Lewis

La yourte (Der gläserne Globus) 2001 Serge Mansau

Erotica: les chemins de la séduction (Erotica: Wege der Verführung) 2002 Julia Barton

Jardin de murs végétaux (Lebende Wände) 1994–97 Patrick Blanc und Michel Mangematin

Le Jardin permanent (Permanenter Garten) 1998+ Bernard Wolgensinger

Cour de la ferme (Gutshof) 1994+ Eric Ossart

La déclaration damour (Liebeserklärung) 2002 Students des Conservatoire

Un simple jardin douvrier (Ein einfacher Schrebergarten) 1992 Simone Kroll

Trognes (Poller) 1999–2000 Dominique Mansion

Code naturel (Der natürliche Code) 2000 pep Studio: Katharina Schütze, Uwe Müller und Jürgen Stellwag

Potager portugais (Portugiesischer Garten) 1999 Felicia und Teresa Louart, France Rossignol

Jardin de paille (Strohhütten-Garten) 2000 Hugues Peuvergne

Edicules (Kiosk) 1993+ Hélène Buisson

1 Globale Verbindungen

Desert Sea (Wüsten-Meer) 2001–2002 Andy Cao und Stephen Jerrom

La serre exotique (Das exotische Gewächshaus) 1997 *La serre molle (Das sanfte Gewächshaus)* 1998 *La serre au papillons (Das Schmetterlinghaus)* 1999 Atelier de l'Entrepôt: Edouard François und Duncan Lewis

Trognes (Poller) 1999–2000 Dominique Mansion

Houblon: dans tous les sens (Hofpen: In alle Richtungen) 1996 Nord-Sud Paysages, Nico Bouts und Pascale Gaucher

Welt-Reise

Potager portugais (Portugiesischer Garten) 1999 Felicia und Teresa Louart, France Rossignol

Jardin congolais (Kongolesischer Garten), Jardin africain (Afrikanischer Garten) 1999 France Rossignol nach René Péchère

Potager impérial chinois, Jardin chinois (Kaiserlicher chinesischer Garten, Chinesischer Garten) 1999 Shun-Bao Du, Bin Hu Zhang und Hai Qian Zen

Bipergorria (Roter Pfeffer) 2000 Ecole darchitecture et de paysage de Bordeaux: Vincent Abadie und Maïté Fourcade

Houblon: dans tous les sens (Hofpen: In alle Richtungen) 1996 Nord-Sud Paysages, Nico Bouts und Pascale Gaucher

TarPot (Schottischer Küchengarten) 1999 Lumir Soukup, Nigel Buchan und Frazer McNaughton

Jardin de la Nouvelle Angleterre (Neuengland-Garten) 1994 Lynden B. Miller

Handwerk und Erfindung

Jardin de terre (Erdgarten) 1994–95 Atelier Kaba (Team Zoo)

Sillon romand (Romanische Furche) 1996 Daniel Örtli und die Stadt Lausanne

Trognes (Poller) 1999–2000 Dominique Mansion

La rizière (Das Reisfeld) 1997 Eric Ossart und Studenten der Ecole méditerranéenne des jardins et du paysage de Grasse

Passerelle dans la jungle (Dschungelsteg) 1996 Harold Schmitt und Yves Dupont

Folles Ipomées (Verrückte Ipomeen), Radeau des Cimes (Baumwipfelfloß) 1996 Patrick Blanc und Gilles Ebersolt

Mignonne, allons voir si la rosée … (Liebling, lass uns nachsehen, ob der Tau …) 1998 Jacques Sordoillet, Annie Sottil und Véronique Martinez

La serre exotique (Das exotische Gewächshaus) 1997 *La serre molle (Das sanfte Gewächshaus)* 1998 *La serre au papillons (Das Schmetterlinghaus)* 1999 Atelier de l'Entrepôt: Edouard François und Duncan Lewis

Bangladesh (Gärten für Bangladesh) 1999 Helen Keller International, France

A quoi sert ce jardin, ce jardin sert aqua? (Wozu dient ein Garten?) 1995 Atelier Traverses

L'art du potager en carrés (Rechteckiger Garten) 1999 Jean-Paul Collaert und Jean-Michel Wilmotte

Murs de Palestine (Palästinensische Mauern) 2000–2002 Bruno Marmiroli, Walid azme al-Houmouze, Patrick Genty, Veronica Alcacer

Fusionierte Gärten

Mé-tissage 1999 Eve Girardot, Laeticia Anglade und Sophie Breuil

Mappemonde (Weltkarte) 1994 Die botanischen Gärten von Mainau

Gaspatio andaluz (Gazpacho) 1999 Agentur In Situ: Emmanuel Jalbert, Annie Tardivon, Mahaut Michez, Laurence Delorenzi, Frédéric Reynaud

Desert Sea (Wüsten-Meer) 2001–2002 Andy Cao und Stephen Jerrom

2 Was Pflanzen können

Le Jardin oriental (Der orientalische Garten) 1998 *ô de Fleurs* 1999 *(Düfte und Sinne)* Rachid Koraïchi und Eric Ossart

Primeval perspective (Urzeitliche Perspektive), Neuseeland-Garten 2000 Agentur Avant Gardener: James Fraser und Tina Febrey

Zingibérales (Zingiberales) 1995 Eric Ossart und Patrick Blanc

India Song 1999 Eric Ossart und Patrick Blanc

Un jardin de fougères géantes (Riesenfarngarten) 1995 Pépinières Yves Dupont

Botanik und Biovielfalt

Un jardin de pépiniériste (Garten eines Gärtners) 1994 Pépinières Maymou

Jardin de Lagerstroemia (Kräuselminze-Garten) 1995 Pépinières Desmartis

Le bassin des nymphéas (Der Wasserlilien-Teich) 1994 *Le jardin aquatique (Der Wassergarten)* 1995 *Le bassin des nymphéas* 1996 Pépinières Latour-Marliac

Jardin de murs végétaux (Lebende Mauern) 1994–97 Patrick Blanc und Michel Mangematin

Retour de Valdivia (Rückkehr aus Valdivia) 1994 Patrick Blanc

Folles Ipomées (Verrückte Ipomeen), Radeau des Cimes (Baumwipfelfloß) 1996 Patrick Blanc und Gilles Ebersolt

Amafas, Le jardin d'amafas (Amafas) 2001 CIRAD (Centre de coopération internationale en recherche agronomique pour le développement) und Patrick Blanc
Le potager d'un curieux (Garten für einen neugierigen Geist) 1999 Jean-Luc Danneyrolles

Sinnlicher Gartenbau

Un jardin clair (Ein Lichtgarten) 1993 Susan Child
India Song 1999 Eric Ossart und Patrick Blanc
Blanc pur, tout simplement (Ganz einfach, reines Weiß) 1992 Mark Rudkin
Jardin blanc (Weißer Garten) 1996 Michel Gallais
Un Jardin de parfums (Parfümgarten) 1993 Eric Ossart
Un simple jardin d'ouvrier (Ein einfacher Schrebergarten) 1992 Simone Kroll
Le Jardin oriental (Der orientalische Garten) 1998 *ô de Fleurs* 1999 *(Düfte und Sinne)* Rachid Koraïchi und Eric Ossart
Le Jardin flou (Sanft und leicht) 2002 Pernilla Magnusson, Arola Tous, Silvia Vespasiani, Sara Dauge, Luís Bisbe und Alex Aguilar

Von der Textur zur Architektur

Anamorphoses (Anamorphose) 2001 Ville de Blois und Denis Authon
Jardin d'Eden (Garten Eden) 1992 Michel Boulcourt
Sillon romand (Romanische Furche) 1996 Daniel Örtli und die Stadt Lausanne
Histoire d'agaves (Geschichte der Agaven), Jardin gris (Grauer Garten) 1994 Ecole darchitecture et du paysage de Bordeaux
Une idée (Eine Idee) 1998 Liliana Motta
Traces: liberté d'aurore (Spuren: Freiheit der Morgendämmerung) 2000 Agnès Lanthier, Françoise Persouyre und Martine Lemonnier
Nature n'existe pas (Natur existiert nicht) Dieter Kienast 1996
Jardin de graminées (Grasgarten) 1994 Bob Wilson und Mark Rudkin
Un jardin pour Jacqueline (Jacquelines Garten) 2001 Eva Demarelatrous, Michel und Geneviève Gallais sowie Michel Arnaud

3 Landschaftskunst

Mente la menta? (Lügt die Minze?) 2000 Land-I Agency: Marco Antonini, Roberto Capecci und Raffaella Sini
Ombres et ombelles (Schatten und Dolden) 1996 Agnes Daval
Entre géométrie et nature libre (Zwischen Geometrie und freier Natur) 1992, Labyrinthe 1993 Groupe SITE, James Wines
Ciné mosaïc (Kino-Mosaik) 2001 Serge Mansau und Fabrice Moireau
Nature n'existe pas (Natur existiert nicht) Dieter Kienast 1996
Le potager dansant (Der tanzende Küchengarten) 1998 Studenten des Conservatoire

Strukturen und Skulpturen

Trajectoire (Sonnenbahn) 1999 Christophe Camfrancq, Guido Fanti und Catherine Champenois
Ailleurs (Anderswo) 1996 Claire Gardet, Philippe Nigro
Entre épingles (Unter Hutnadeln) 2001 Levin Monsigny, Luc Monsigny, Axel Hermening, Nicoali Levin und Marina Levin
Le déluge (Die Überschwemmung) 1998 Ecole d'architecture de paysage de l'Université de Montréal: Edith Julien, Mélanie Mignault und Michel Langevin
Tontines, Panier servant à transporter les plantes (Körbe) 1994 Michel Desvigne und Christine Dalnoky
Jardin de l'artifice naturel et de la nature artificielle (Garten der natürlichen Künstlichkeit und der künstlichen Natur), Jardin rouge et vert (Rot-grüner Garten) 1994 Ana und Barbara Luengo sowie Jonathan Maher
A L'ombre d'une gloriette 1992 *(Im Schatten einer Gloriette), La Gloriette* 1993 *(Die Gloriette)* Fernando Caruncho
Mente la menta? (Lügt die Minze?) 2000 Land-I Agency: Marco Antonini, Roberto Capecci und Raffaella Sini

Bewegliches Design

Ricochets sur l'art de vivre (Querschläger der Lebenskunst) 1998 Patrick Chappert-Gaujal, Eric Martin, Dominique Cazal
Ricochets 1998 Claudia Cheikh-Gonzalez und Isabelle Ropelato
L'eolienne (Die Windpumpe) 1998 Jean Lautrey
Rubans (Bänder) 2001 Sylvaine Dallot, Sabine Nebelung und Etienne Poulle
Le potager dansant (Der tanzende Küchengarten) 1998 Studenten des Conservatoire
Main coulante (Fließende Reling) 2000–2002 Gärtner des Conservatoire und Alexandra Bonnin
Les enfants dans l'eau (Kinder im Wasser) 1997 Pro Urba und Gärtner des Conservatoire
Potager de la Noria (Noria) 1999 Mohamed el Faïz und Eric Ossart
Envol de canards (Flug der Enten) 2001 Mosaïcultures internationales de Montréal
La ménagerie était trempée (Die Menagerie war durchnässt) 1998–99 Pro Urba und Gärtner des Conservatoire
Ivre de la jungle (Die Trunkenheit des Dschungels) 2000 Pro Urba und Gärtner des Conservatoire
Jardin de formes (Formen-Garten) 2001 Christine Keim, Andrea Stecker, Silke Strunk und Andrea Bartholomey
Code naturel (Der natürliche Code) 2000 pep-Studio: Katharina Schütze, Uwe Müller und Jürgen Stellwag
Le carrousel d'eau (Das Wasser-Karussell) 1997 Michèle Elsaïr und Jean-Paul Delettre

Insider-Geschichten

Potager en l'île (Insel-Küchengarten) 1994 Agence Européenne du paysage: Bernard Chapuis und Georges Vafias
Un jardin ne peut exister sans nous (Ein Garten kann ohne uns nicht existieren) 2000 Jenny Jones
Tunnel de bambous 1992, Bambous 1993 (Bambus-Tunnel) Hiroshi Teshigahara
L'arche de Noé (Arche Noah) 1997 Yves Luthi, Vincent Soulié und Gert Yan de Jong
Le Théâtre d'eau, Le Théâtre des hortillonnages (Wassertheater) 1997 Flavia Nasio
Jardin de lavandes (Lavendelgarten) 1996 Quasar Institute of Rome
La terre en marche (Die Erde in Bewegung) 1996 George Hargreaves
Jardin de paille (Strohhütten-Garten) 2000 Hugues Peuvergne
Saules tressées (Geflochtene Weiden) 1995–96 und *Saules dans la brume (Weiden im Nebel)* 1997 David und Judy Drew

4 Zeit und Veränderung

Nebelgarten 1998–99 Peter Latz
Shishi odoshi 1997 Daniela Colafrancheschi, Robert Hébrard
Passage, Jardin de passage (Garten des Übergangs) 1997–98 Jean-Pierre Delettre
Saules dans la brume (Weiden im Nebel) 1997 David und Judy Drew

Zeit sichtbar machen

Mouvement moderne (Moderne Bewegung) 1992 Preben Jakobsen
La Nymphée embrassée par la terre (Das Nympheum, umarmt von der Erde) 1992, La Nymphée 1993–95 *Nymphée et profondeur (Nympheum und Tiefe)* mit dem BildhauerJean-Max Albert 1996 *La Nymphée (Das Nympheum)* 1997 Emilio Ambasz
A L'ombre d'une gloriette 1992 *(Im Schatten einer Gloriette), La Gloriette 1993 (Die Gloriette)* Fernando Caruncho
Passage, Jardin de passage (Garten des Übergangs) 1997–98 Jean-Pierre Delettre
Saules dans la brume (Weiden im Nebel) 1997 David und Judy Drew
Tunnel de bambous 1992, *Bambous* 1993 *(Bambus-Tunnel)* Hiroshi Teshigahara
Zingibérales (Zingiberales) 1995 Eric Ossart und Patrick Blanc
Potager en l'île (Insel-Küchengarten) 1994 Agence Européenne du paysage: Bernard Chapuis und Georges Vafias
Jardin de feuillages géants (Garten der Riesenblätter) 1994 Ossart und Studenten des Conservatoire
Ya plus d'saisons (Es gibt keine Jahreszeiten mehr) 1994 Atelier Ephémère
Nebelgarten 1998–99 Peter Latz
Nids de la déesse Mappa (Die Nester der Göttin Mappa) 2002 Rémi Duthoit und Eric Barbier

Klang

Lithophone et pieds dans l'eau (Lithophon und Füße im Wasser) 1998 Robert Hébrard
Trognes (Poller) 1999–2000 Dominique Mansion
La fontaine aux oiseaux (Vogelbrunnen) 1997 Atelier de l'Entrepôt: Edouard François und Duncan Lewis
Volière blanche (Weiße Volière), L'arbre blanc (Der weiße Baum) 1996 Atelier de l'Entrepôt: Edouard François und Duncan Lewis
Goccia a goccia (Tropfen auf Tropfen) 1998 Ivano Boris di Molfetta und Cristina Gragnolati
Shishi odoshi 1997 Daniela Colafrancheschi und Robert Hébrard

L'orgue hydraulique (Die Wasserorgel) 1997–98 Jean Grelier, Eric Verrier und Bernard Biniou Moreau
Die *Noria* war später auch in folgende Gärten inkorporiert: *Küchengarten der Noria* 1999 Mohamed el Faïz und Eric Ossart; *La Noria* 2000 Sonia Lavastre; *Flug der Enten* 2001 Mosaïcultures internationales Montréal und *Die Nester der Göttin Mappa* 2002 Rémi Duthoit und Eric Barbier.
L'orgue bucolique (Die bukolische Orgel) 2002 Bartolomeo Formentelli

Geschichten erzählen

Le réveil de la tortue (Die Schildkröte erwacht) 2001 Alexandra Bonnin und Gärtner des Conservatoire
Fier comme un paon (Stolz wie ein Pfau) 2001 Epinal
India Song 1999 Eric Ossart und Patrick Blanc
Le déluge (Die Überschwemmung) 1998 Ecole d'architecture de paysage de l'Université de Montréal: Edith Julien, Mélanie Mignault und Michel Langevin
Jardin et industrie (Garten und Industrie) 1994 Stefan Tischer
Passage, Jardin de passage (Garten des Übergangs) 1997–98 Jean-Pierre Delettre
Le Jardin flou (Der transparente Garten) Pernilla Magnusson, Arola Tous, Silvia Vespasiani, Sara Dauge, Luís Bisbe und Alex Aguilar
Les Pétales du désir (Blumenblätter der Sehnsucht) 2002 Eric-Pierre Ménard,Chantal Dugave, Franck und Aude Franjou
Erotica: les chemins de la séduction (Erotica: Wege der Verführung) 2002 Julia Barton
From Sky to Earth (Vom Himmel zur Erde) 1997–99 Fumiaki Takano, Saido Higuchi, Nobushisa Inuma von Takano Landscape; Takano Landscape Taiwan; Hiroshi Naruse, Naoki Sakan, Naoki Kusumi, Mori vom Atelier Kaba, Japan
Jardin des os (Ziegel, Knochen, Kürbisse) 2000 Adriaan Geuze
Power Plants (Pflanzen-Kraftwerk) 1993 Peter Walker

5 Eine Frage der Landschaft

La terre en marche (Die Erde in Bewegung) 1996 George Hargreaves
Vallon des brumes (Nebeltal) 2000+ Gärtner des Conservatoire
Désert noir auvergnat (Schwarze Auvergne-Wüste) 1994, *Des Cactées pour le désert (Wüsten-Kakteen)*1995 Bernard Wolgensinger
La rizière (Das Reisfeld) 1997 Eric Ossart und Studenten der Ecole méditerranéenne des jardins et du paysage de Grasse

Das Spiel mit dem Maßstab

La rizière (Das Reisfeld) 1997 Eric Ossart und Studenten der Ecole méditerranéenne des jardins et du paysage de Grasse
Murs de Palestine (Palästinensische Mauern) 2000–2002 Bruno Marmiroli, Walid azme al-Houmouze, Patrick Genty und Veronica Alcacer
Jardin de la Nouvelle Angleterre (Neuengland-Garten) 1994 Lynden B. Miller
La Côte d'Azur (Die Côte d'Azur) 1994 Jean Mus
Réflexion dans une flaque d'eau (Reflexionen in einer Pfütze) 2001 Serge Mansau
Barbibulle (Barbibubble) 1997 Ecole nationale supérieure de la nature et du paysage de Blois
Les Enfants dans l'eau (Kinder im Wasser) 1997 Pro Urba und Gärtner des Conservatoire
La ménagerie était trempée (Die Menagerie war durchnässt) 1998–99 Pro Urba und Gärtner des Conservatoire
Ivre de la jungle (Die Trunkenheit des Dschungels) 2000 Pro Urba und Gärtner des Conservatoire
Potager en l'île (Insel-Küchengarten) 1994 Agence Européenne du paysage: Bernard Chapuis und Georges Vafias
Jardin de murs végétaux (Lebende Mauern) 1994–97 Patrick Blanc und Michel Mangematin
Pampa, vers linfini par la monotonie (Pampa: Von Monotonie zu Unendlichkeit) Martina Barzi und Josefina Casares 2001–02

Symbolische Landschaften

L'archipel (Der Archipel) 1993+, Shodo Suzuki
Désert noir auvergnat (Schwarze Auvergne-Wüste) 1994, *Des cactées pour le désert (Wüsten-Kakteen)*1995 Bernard Wolgensinger
Trognes (Poller) 1999–2000 Dominique Mansion
Sillon romand (Romanische Furche) 1996 Daniel Örtli und die Stadt Lausanne
Mente la menta? (Lügt die Minze?) 2000 Agentur Land-I: Marco Antonini, Roberto Capecci und Raffaella Sini
Code naturel (Der natürliche Code) 2000 pep-Studio: Katharina Schütze, Uwe Müller und Jürgen Stellwag
La terre en marche (Die Erde in Bewegung) 1996 George Hargreaves
Rapsodie en bleu (Rhapsody in Blue) 1995 Jacques Simon

Kontext

Mouvements de Loire (Die fließende Loire) 2001 Ville de Tours: Daniel Jud und Philippe Herlin
Vallon des brumes (Nebeltal) 2000+ Gärtner des Conservatoire
Lointain extérieur (Blick nach draußen) 1993 Atelier Phusis: Marc Claramunt, Christophe Girot und Jean-Marc LAnton
Le triangle d'eau (Das Wasser-Dreieck) 1998 Keiichi Tahara
Sentier de fers sauvages (Wilder Eisenpfad) 1998+ Jean Lautrey

6 Esprit und Witz

Topiaires pour rire, Topiaires à l'italienne (Formschnitt – just for fun) 2001 Vannucci Piante, Jardiland und Gärtner des Conservatoire
Le Baobab qui pleure (Der weinende Baobab) 1997+ Edouard Boulmier, François Kiéné und das Conservatoire-Team
La Fuite (Undichte Flucht) 1997 Macha Makeïeff
Trois cabanes (Drei Hütten) 1999 Marc Soucat und Jean-Marc Bourry

Gärten der Gegensätze

Le Jardin hostile (Der feindliche Garten) 1995 Frédérique Garnier
Potager nomade (Nomadischer Küchengarten) 1999 Patrick Nadeau, Vincent Dupont-Rougier und Joëlle Alexandre
Trampoline (Trampolin) 1998 Michael Blier
Centre d'accueil pour les nuisibles (Willkommen im Schädlings-Zentrum) 1993 Gérald und Geneviève Poussin
Rapsodie en bleu (Rhapsody in Blue) 1995 Jacques Simon
Le plaisir de la friche (Die Freude des Ödlands) 1992 Louis Benech
Rendez-vous sur l'herbe (Rendezvous am Gras) 1995 Michael Van Gessel
Ya plus d'saisons (Es gibt keine Jahreszeiten mehr) 1994 Atelier Ephémère
Pouf, pouf, pouf 2001 Nathalie Leroy und Renaud Paque
Nihilium 1995 Room 4.1.3., Vladimir Sitta
De la Mosaïculture vers la moisiculture (Von der Form zum Schimmel) 2001 Benjamin Avignon und Saweta Clouet

Kultivierter Kitsch

Rendez-vous sur lherbe (Rendezvous am Gras) 1995 Michael Van Gessel
La scène du poisson (Fischszene) 2000 Christian Mallemouche
Ricochets sur l'art de vivre (Querschläger der Lebenskunst) 1998 Patrick Chappert-Gaujal, Eric Martin und Dominique Cazal
La fuite (Undichte Flucht) 1997 Macha Makeïeff
Les tuyaux de St-Guy (Saint Guys Rohre) 1997 Frank Herscher
Viagreen 1999 Rocky Siffredo (Pseudonym der Conservatoire-Gärtner)
Bidouille de grand-père (Großvaters Do-it-yourself-Garten) 1999 Patrick Chappert-Gaujal, Eric Martin und Dominique Cazal
Topiaires pour rire, Topiaires à l'italienne (Formschnitt – just for fun) 2001 Vannucci, Jardiland und Gärtner des Conservatoire

Fantasiereisen

Entre épingles (Unter Hutnadeln) 2001 Levin Monsigny, Luc Monsigny, Axel Hermening, Nicoali Levin und Marina Levin
Mosaïculture aquatique (Aquabeet) 2001 Jean-Louis Cura, Marc Félix, Michèle Schneider
Le jardin extraordinaire (Der außergwöhnliche Garten) 2000 Jean-Brice Moirgeat
Le potager dansant (Der tanzende Küchengarten) 1998 Studenten des Conservatoire
Trajectoire (Sonnenbahn) 1999 Christophe Camfrancq, Guido Fanti und Catherine Champenois
La course aux escargots (Schnecken-Rennen) 2001 Yvan Dayan, Emmanuel Prieur und France Yvan Dayan
Le jardin qui rit (Der lachende Garten) 1995 Véronique Krieff und Gail Wittwer
Trois cabanes (Drei Hütten) 1999 Marc Soucat und Jean-Marc Bourry
Le Salon flottant (Das schwimmende Wohnzimmer) 2000 Laurent Romanet
Réflexion dans une flaque d'eau (Reflexionen in einer Pfütze) 2001 Serge Mansau
Green Phantasy Landscape: An Encounter with Verner Panton (Grüne Phantasy Landscape: Begegnung mit Verner Panton) 2002 Grégorie Reynès-Dutertre, Philippe Dutertre, Arnauld Delacroix und Patrick de Bruyn

Kontaktadressen

Die folgenden Adressen beziehen sich auf die im vorliegenden Buch beschriebenen Gärten (entsprechend der Reihenfolge ihres Auftretens). Alle anderen erwähnten oder abgebildeten Gärten: s. Liste der Gärten – Kontaktinformationen über das CIPJP (s. unten).

Jean-Paul Pigeat, Direktor
Conservatoire international des Parcs et Jardins et du Paysage (CIPJP)
Ferme du château
41150 Chaumont-sur-Loire
Frankreich
T +33 (0)2 54 20 99 22
F +33 (0)2 54 20 99 24
E cipjp.documentation@wanadoo.fr
www.chaumont-jardins.com

CIPJP
12 rue Brisemiche
75004 Paris
Frankreich
T +33 (0)1 48 04 84 59
F +33 (0)1 42 71 54 46
E cipjp.paris@wanadoo.fr

1 Globale Verbindungen

Welt-Reise

Tartan Potager 1999

Lumir Soukup
53/7 East Crosscauseway
Edinburgh, EH8 9HD
Scotland
T +44 (0)131 668 4037
E lumirsoukup@hotmail.com

Frazer McNaughton
E frazer.mcnaughton@snh.gov.uk

Nigel Buchan
E nigel.buchan@snh.gov.uk

Jardin de la Nouvelle Angleterre 1994

Lynden B. Miller
1170 Fifth Avenue
New York City
NY10029
USA
T +1 212 722 5497
F +1 212 534 5314
E LBMtilia@aol.com

Handwerk und Erfindung

L'Art du potager en carrés 1999

Jean Paul Collaert
Gazette des jardins
23 avenue du Parc Robiony
06200 Nizza
Frankreich
T +33 (0)4 93 96 16 13
F +33 (0)4 92 15 00 61
E lgi@wanadoo.fr

Jean-Michel Wilmotte & Associés
68 rue du Faubourg Saint Antoine
75012 Paris
Frankreich
T +33 (0)1 53 02 22 22
F +33 (0)1 43 44 17 11
E wilmotte@wanadoo.fr

Murs de Palestine 2000–2002

L'Atelier: Bruno Marmiroli, Walid azme al-Houmouze, Patrick Genty, Veronica Alcacer
2 Impasse de la Forge
37460 Céré La Ronde
Frankreich
T +33 (0)2 47 94 38 30
F +33 (0)2 47 94 30 55
E Latelier@worldonline.fr

Fusionierte Gärten

Gaspatio andaluz 1999

Agence In Situ:
Emmanual Jalbert,Annie Tardivon, Mahaut Michez, Laurence Delorenzi, Frédéric Reynaud
30 quai Saint Vincent
69001 Lyon
Frankreich
T +33 (0)4 78 30 50 15
F +33 (0)4 72 07 07 72
E contact@in-situ.fr
www.in-situ.fr

Desert Sea 2001–2002

Andy Cao & Stephen Jerrom
Glass Garden, Inc.
3511 West 6th Street, Studio 17
Los Angeles
CA 90020
USA
T +1 213 368 9220
F +3 368 9226
E info@landscape2go.com
www.glassgardendesign.com

2 Was Pflanzen können

Botanik und Biovielfalt

Jardin d'amafas 2001

CIRAD: Centre de coopération internationale en recherche agronomique pour le développement
42 rue Scheffer
75116 Paris
Frankreich
T +33 (0)1 53 70 20 00
F +33 (0)1 47 55 15 30
www.cirad.fr

Patrick Blanc
111 rue du Général Leclerc
94000 Créteil
Frankreich
T +33 (0)1 42 07 59 95
F +33 (0)1 48 99 86 21

Le potager d'un curieux 1999

Jean-Luc Danneyrolles
Le Potager dun curieux
La Molière
84400 Saignon
Frankreich
T +33 (0)4 90 74 44 68

Sinnlicher Gartenbau

Ô de Fleurs 1998

Rachid Koraïchi
36 rue du Colonel Pierre Avia
75015 Paris
Frankreich
T/F +33 (0)1 40 60 68 94

Eric Ossart and Arnaud Maurières
Avenue Paul Bodin
81190 Tanus
Frankreich
T +33 (0)5 63 76 38 49
F +33 (0)5 63 76 47 06
E ossart-maurieres@wanadoo.fr

Le Jardin flou 2002

Alex Aguilar
E ultraverde@eresmas.com

Luis Bisbe
E l.bisbe@mailcity.com

Sara Dauge
E sara@bethgali.com

Pernilla Magnusson
E pernilla@bethgali.com

Silvia Vespasiani
E s_vespasiani@telefonica.net

Arola Tous
E arola@bethgali.com

Von der Textur zur Architektur

Jardins de graminées 1994

Bob Wilson
131 Varick Street, Room 98
New York
NY 10013-1410
USA
www.robertwilson.com

Mark Rudkin
P.O. Box 29
78320 Le Mesnil Saint Denis
Frankreich
T +33 (0)1 34 61 99 09

Un Jardin pour Jacqueline 2001

Eva Demarelatrous
16, rue de la Voie
85450 Puyravault
Frankreich
T +33 (0)2 51 28 64 84

Michel und Geneviève Gallais
1 rue des Cordiers
17230 Marans
Frankreich
T +33 (0)5 46 01 78 33

Michel Arnaud
4 Place de la Mairie
85450 Sainte Radegonde des Noyers
Frankreich
T +33 (0)2 51 28 62 44
E arnaudmi@yahoo.fr

3 Landschaftskunst

Strukturen und Skulpturen

la Gloriette 1992

Fernando Caruncho
Po del Narcea, 13
Urb. Ciudalcampo
28707 S.S. de los Reyes
Madrid
Spain
E f@fernandocaruncho.com
www.fernandocaruncho.com

Mente la Menta? 2000

Land-I: Marco Antonini, Roberto Capecci and Raffaella Sini
Via Massimi 96
00100 Roma
Italien
T +39 (0)6 349 473 0515
E r.capecci@tiscalinet.it

Bewegliches Design

Code naturel 2000

pep-Studio
Katharina Schütze, Uwe Müller und Jürgen Stellwag
Fehmarner Strasse 16
13353 Berlin
Deutschland
T +49 30 453 93 58
F +49 40 360 357 9962
E Pepita229@aol.com

Le carrousel d'eau 1997

Michèle Elsaïr
25 rue de Hauteville
75010 Paris
Frankreich
T +33 (0)1 42 46 35 59
F +33 (0)1 43 49 66 42

Jean-Pierre Delettre
3, rue Pasteur
89110 Chassy
Frankreich
T +33 (0)3 86 91 54 23
F +33 (0)3 86 91 53 22

Insider-Geschichten

Jardin de paille 2000

Hugues Peuvergne
42 bis, avenue du Général Leclerc
77400 Lagny-sur-Marne
Frankreich
T +33 (0)1 64 30 61 75
F +33 (0)1 60 07 98 04

Saules tressées 1995–96

David and Judy Drew
41 rue de Jolivet
37190 Villaines Les Rochers
Frankreich
T/F +33 (0)2 47 45 25 55

4 Zeit und Veränderung

Zeit sichtbar machen

Nebelgarten 1996–98

Latz + Partner
Ampertshausen 6
85402 Kranzberg
Deutschland
T +49 (0)8166 6785 0
F +49 (0)8166 6785 33
E latz.und.partner@t-online.de
www.latzundpartner.de

Nids de la déesse Mappa 2002

Remi Duthoit
Atelier HÉMISPHÈRES
26 rue de Bruis
13005 Marseille
Frankreich
T/F +33 (0)4 91 47 19 75
E remistral@free.fr

Eric Barbier
3 rue Aude
13100 Aix-en-Provence
Frankreich
T +33 (0)6 75 01 11 68
E ricbarbier@yahoo.fr

Klang

Garden Organs 1996–2002

Jean Grelier
Mairie d'Orléans
45040 Orléans
Frankreich
T +33 (0)2 38 79 26 60
F +33 (0)2 38 79 20 23

Eric Verrier
T +33 (0)2 38 52 10 79

Bartolomeo Formentelli
T +39 045 770 13 57
F +39 045 680 06 73

Geschichten erzählen

From sky to earth 1997–99

Fumiako Takano
Takano Landscape Planning Co.,
Nishi 1–37 Mannen Otofuke-cho
Kato-gun
080-0344 Hokkaido
Japan
T +81 (0)155 42 3181
F +81 (0)155 42 3863
E takano@tlp.co.jp
www.tlp.co.jp

Jardin des os 2000

Adriaan Geuze
West 8 Landscape Architects & Urban Planners
P.O. Box 24326
3007 DH Rotterdam
Niederlande
T +31 (0)10 485 58 01
F +31 (0)10 485 63 23
E west8@west8.nl
www.west8.nl

Power Plants 1993

Peter Walker and Partners
739 Allston Way
Berkeley
CA 94710
USA
T +1 510 849 9494
F +1 510 849 9333
www.pwpla.com

5 Eine Frage der Landschaft

Das Spiel mit dem Maßstab

Murs végétaux 1996+

Patrick Blanc
111 rue du Général Leclerc
94000 Créteil
Frankreich
T +33 (0)1 42 07 59 95
F +33 (0)1 48 99 86 21

Pampa, vers l'infini par la monotonie 2001–2002

Martina Barzi, Josefina Casares
Estudio Barzi-Casares
El Pueblo
Estancias del Pilar
Panamericana Ramal Pilar, KM 56
1629 Pilar, PBA
Argentinien
T +54 11 15 5308 1084
F +54 23 22 402 389
www.barzicasares.com.ar

Symbolische Landschaften

La terre en marche 1996

George Hargreaves
Hargreaves Associates
2020 17th Street
San Francisco
CA 94103
USA
T +1 415 865 1811
F +1 415 865 1810
E lmitchell@hargreaves.com
www.hargreaves.com

Rapsodie en bleu 1994

Jacques Simon
42 rue Delaunay
91240 Saint Michel sur Orge
Frankreich
T +33 (0)6 84 11 44 67
F +33 (0)1 64 49 05 15

Kontext

Le Triangle d'eau 1998

Keiichi Tahara
52 rue Bichat
75010 Paris
Frankreich
T +33 (0)1 42 08 80 11
F +33 (0)1 42 06 44 14

Sentier de fers sauvages 1998+

Jean Lautrey
Les Clavelons
04110 Vachères
Frankreich
T +33 (0)4 92 75 64 68
F +33 (0)4 92 75 60 57
E lautreyjean@wanadoo.fr

6 Esprit und Witz

Gärten der Gegensätze

Nihilium 1995

Vladimir Sitta
Director Room 4.1.3 Pty Ltd.
Level 2, 105 Reservoir Street
Surry Hills NSW 2010
Australien
T +61 (0)2 9211 4130
F +61 (0)2 9211 6057
E room413@tig.com.au
www.room413.com.au

De la mosaïculture vers la moisiculture 2001

Benjamin Avignon
Avignon-Clouet SARL Architecture
88 quai de la Fosse
44100 Nantes
Frankreich
T +33 (0)2 40 71 76 40
E benjamin.avignon@libertysurf.fr

Saweta Clouet
3 rue Metzinger
44100 Nantes
Frankreich
T/F +33 (0)2 40 69 24 31
T +33 (0)6 72 82 77 58

Kultivierter Kitsch

Bidouille de grand-père 1999

Patrick Chappert-Gaujal
41 avenue du Languedoc
11370 La Franqui
Frankreich
M +33 (0) 6 80 31 65 74
F +33 (0)4 68 45 71 39
E chappert-gaujal@wanadoo.fr

Eric Martin und Dominique Cazal
59 bis, rue Paul Louis Courier
11100 Narbonne
Frankreich
T +33 (0)4 68 65 00 10
F +33 (0)4 68 65 06 07

Topiaires pour rire 2001

Vannucci Piante
Via Vecchia Pratese, 238
51100 Pistoia
Italien
T +39 0573 79701
F +39 0573 735975

Fantasiereisen

Réflexion dans une flaque d'eau 2001

Serge Mansau
EXERGUE
Studio de création
9 rue de l'Ancienne Mairie
92100 Boulogne
Frankreich
T +33 (0)1 48 25 17 69
F +33 (0)1 46 05 55 69
E artplus@serge-mansau-exergue.com

Green Phantasy Landscape 2002

Grégorie Reynès-Dutertre,
Philippe Dutertre
9 rue des Ecoles
77950 Voisenon
Frankreich
T +33 (0)1 64 64 01 74
F +33 (0)1 64 64 01 90
E ph.dutertre@wanadoo.fr
E reynes.dutertre@wanadoo.fr

Arnauld Delacroix
12 résidence Médicis
94150 Rungis
Frankreich
T/F +33 (0)1 56 30 91 61
E a.delacroix@mageos.com

Patrick De Bruyn
Le Château d'Eau
12 rue du Val d'Osne
94410 Saint Maurice
Frankreich
T +33 (0)1 45 18 12 38
F +33 (0)1 45 18 12 39

Bibliografie

Albertazzi, Liliana (Hg.): *Différentes natures: Visions de lart contemporain*, catalogue of exhibition at La Défense, Galérie Art 4 and Galérie de l'Esplanade, Paris, 1993
Amidon, Jane: *Landschaftsdesign*, Stuttgart, 2001

Bakhtin, Mikhail: *Rabelais and His World*, Helene Iswolsky (übers.), Cambridge, Mass., und London, 1968
Baridon, Michel: *Les Jardins: paysagistes – jardiniers – poètes*, Paris, 1998
Baudelaire, Charles: De L'Essence du rire et généralement du comique dans les arts plastiques, *Œuvres complètes*, Paris, 1961
Berque, Augustin: *Les Raisons du paysage de la Chine antique aux environnements de synthèse*, Paris, 1995
Brown, Jane: *Der moderne Garten*, Stuttgart, 2002

Charmant, Anne de (Hg.): *Art and Design Magazine*, Sonderheft: *Art and the Garden*, no. 57, London, 1997
Clément, Gilles: *Le Jardin en mouvement: de la Vallée au parc André Citroën*, Paris, 1994
Ders.: *Thomas et le voyageur*, Paris, 1997
Ders.: *Le Jardin planétaire: reconcilier lhomme et la nature*, Paris, 1999
Cooper, Guy und Gordon Taylor: *Paradise transformed: The private Garden for the Twenty-first Century, New York´*, 1996
Ders.: *Garten für morgen*, Stuttgart, 2000
Ders.: *Mirrors of Paradise: The Gardens of Fernando Caruncho*, New York, 2000
Cooper, Paul: *Garten Design*, Stuttgart, 2002
Corbin, Alain: *L'Homme dans le paysage*, Paris, 2001

Danneyrolles, Jean-Luc: *Un Jardin extraordinaire*, Arles, 2001
Dubost, Françoise: *Les Jardins ordinaires*, Paris, 1984
Dies.: *Vert patrimoine*, Paris, 1994

Francis, Mark und Randolph T. Jr. Hester (Hg.): *The Meaning of Gardens*, Cambridge, Mass., 1990

The Garden Book, London, 2000
Goldsworthy, Andy: *Mauer*, Frankfurt/Main, 2000
Ders.: *Zeit*, Frankfurt/Main, 2001
Griswold, Mac und Eleanor Weller: *The Golden Age of American Gardens: Proud Owners, Private Estates 1890–1940*, New York, 1991

Hucliez, Marielle: *Jardins et parcs contemporains*, Paris, 1998
Hunt, John Dixon: *Greater Perfections: The Practice of Garden Theory,* Philadelphia, Pa., 1999, and London, 2000

Irwin, Robert: *Double Diamond 1997–98*, Lyon, 1998 (Originaltitel: *Change, Inquiry, Qualities, Conditional, Being and Circumstance,* San Francisco, Kalif., 1985)

Jackson, John Brinckerhoff: *Discovering the Vernacular Landscape*, New Haven, Conn., 1984
Jellicoe, Geoffrey und Susan, et al.: *The Oxford Companion to Gardens,* Oxford, 1986
Jones, Louisa: *Gardens of Provence*, New York und Paris, 1992
Dies.: *Gardens of the French Riviera*, New York und Paris, 1994
Dies.: *Kitchen Gardens of France*, London, 1997
Dies.: *L'Esprit nouveau des jardins: un art, un savoir vivre en Provence*, Paris, 1998
Dies.: *L'Année jardinière de Louisa Jones*, Aix-en-Provence, 1999
Dies.: *Frankreichs neue Gärten*, Bielefeld, 2003

Kienast, Dieter: *Kienast-Gärten*, Basel, 1997
Koraïchi, Rachid: *Portrait de l'artiste à deux voix: entretien avec Nourredine Saadi*, Arles, 1998

Lancaster, Michael: *The New European Landscape*, Oxford, 1994
Lassus, Bernard (Hg.): *Hypothèses pour une troisième nature*, Paris, 1992
Leach, Helen: *Cultivating Myths: Fiction, Fact and Fashion in Garden History*, Auckland, 2000
Le Dantec, Jean-Pierre: *Jardins et paysages*, Paris, 1996
Ders.: *Le Sauvage et le régulier: art des jardins et paysagisme en France au XXe siècle*, Paris, 2002
Leenhardt, Jacques (Hg.): *Dans les Jardins de Roberto Burle Marx*, Arles, 1994

Maitland, Sara und Peter Matthews: *Gardens of Illusion: Places of Wit and Enchantment*, London und New York, 2000
Makeïeff, Macha: *Poétique du désastre*, Arles, 2001
Meinig, D. W. (Hg.): *The Interpretation of Ordinary Landscapes*, New York, 1979
Montero, Marta Iris: *Burle Marx: The Lyrical Landscape*, Berkeley, Kalif., und London, 2001
Mosser, Monique: *Le XXIe siècle sera jardinier, Le Jardin, notre double*, Paris, 1999, S. 231–240
Mosser, Monique und Philippe Nys (Hg.), *Le Jardin, art et lieu de mémoire*, Vassivière-en-Limousin, 1995
Mosser, Monique und Georges Teyssot (Hg.), *Histoire des jardins*, Paris, 1991
Ossart, Eric und Arnaud Maurières: *Orientalische Gärten*, München, 2001

Dies.: *Jardins de voyage: 20 leçons de paysage*, Aix-en-Provence, 1999
Page, Russell: *The Education of a Gardener*, Harmondsworth, 1962 (Reprint: London, 1994)
Péchère, René: *Jardins dessinés: Grammaires des jardins*, Brüssel, 1987
Pigeat, Jean-Paul: *Parcs et jardins contemporains*, Paris, 1990
Ders.: *Festival de jardins*, Paris, 1995
Ders.: *Les Jardins du futur*, Chaumont-sur-Loire, 2000
Pigeat, Jean-Paul und Catherine Dreyfus: *Les Maladies de l'environnement*, Paris, 1970
Pollan, Michael: *Second Nature*, New York, 1991
Potteiger, Matthew und Jamie Purinton: *Landscape Narratives: Design Practices for Telling Stories*, New York, 1998
Profiles in Landscape Architecture, American Society of Landscape Architects, Washington, D.C., 1992

Robinson, William: *Parks and Gardens of Paris*, London, 1878
Roger, Alain (Hg.): *La Théorie du paysage en France 1974–1994*, Paris, 1995
Rogers, Elizabeth Barlow: *Landscape Design: A Cultural and Architectural History*, New York, 2002
Rouard, Marguerite und Jacques Simon: *Childrens Play Spaces: From Sandbox to Adventure Playground*, Woodstock, N.Y., 1977 (Übersetzung von *Spielraum für Kinder*, zuerst publiziert unter dem Titel *Espaces de jeux: de la boîte à sable au terrain d'aventure*, Paris, 1976)

Schama, Simon: *Landscape and Memory*, New York, 1995, und London, 1996
Simon, Jacques: *Allées, escaliers, murets: créations de paysagistes européens*, Paris, 1962
Ders.: *L'Art de connaître les arbres*, Paris, 1964
Ders.: *Arbres pionniers*, Saint-Michel-sur-Orge, 1976
Ders.: *Basic design*, Saint-Michel-sur-Orge, 1980
Ders.: *Les Parcs actuels*, Saint-Michel-sur-Orge, 1981
Ders.: *Tous Azimuts: sur les chemins de la terre, du ciel et du paysage*, 1991

Tiberghien, Gilles A.: *Nature, art, paysage*, Arles, 2002

Weilacher, Udo: *Zwischen Landschaftsarchitektur und Land Art*, Basel, Berlin und Boston, Mass., 1999
Wrede, Stuart und William Howard Adams (Hg.): *Denatured Visions: Landscape and Culture in the Twentieth Century*, New York, 1991

Bildnachweis

Abkürzungen:
m Mitte; *l* links; *r* rechts; *u* unten; *o* oben

Joëlle Caroline Mayer und Gilles Le Scanff
2–3; 6–10; 13; 16–17;18–19; 19*o*; 20*l*; 23*l*; 27; 28; 29*u*; 30–31; 34; 35*u*; 38–39; 40*u*; 41; 42–43; 44–45; 45*u*; 46; 47; 49*o*; 51; 52; 53; 54–55; 55; 56; 57; 58–63; 65; 66–67; 68–71; 72*m*; 74–75; 81; 83; 85; 90–91; 91*o*; 93*r*; 94*o*; 95; 96; 100; 102; 103*o*; 107; 108–109; 110*o*; 111*u*; 115*l*; 116–17; 118*r*; 133; 136; 137*r*; 141*o*; 143*l*;149*r*; 152–53; 153*o*; 156–57; 160; 161*u*; 166–67; 167*r*; 168; 169*u*; 171*o*; 173; 174*ur*; 175; 176; 180; 181*u*; 182–83.

© Sofia Brignone 20*r*; 21; 29*o*; 36; 64; 110*u*; 111*o*; 115*r*; 118*l*; 119; 121; 122; 135*o*; 146; 147*u*; 148; 155; 158–59; 161*o*; 164*r*; 171*u*; 172; 179.

© Louisa Jones 40*o*; 48; 49*u*; 50; 72; 73; 94*o*; 104–105; 106–107; 112–113; 132–33; 137*l*; 139; 140; 149*l*; 178; 181*o*.

11 Conservatoire international des Parcs et Jardins et du Paysage, Chaumont/Loire; 19*u* Nord Sud Paysages; 22, 23*r*, 24 Lumir Soukup; 25 Frazer McNaughton; 26 Lynden B. Miller, Lynden B. Miller Public Garden Design; 32*o* © B. Marmiroli; 32*u* © Patrick Genty; 33, 35*t* © B. Marmiroli; 37 Blumeninsel Mainau; 45*o*, 66, 76–77 Eric Ossart; 77*o* Claire Gardet, Philippe Nigro; 78 Conservatoire international des Parcs et Jardins et du Paysage, Chaumont/Loire; 79 Claire Gardet, Philippe Nigro; 80 Fernando Caruncho; 82 Land-I Agency; 84 Patrick Chappert-Gaujal; 86–89 pep-Studio Berlin; 91*u* Eric Ossart; 92–93 Michèle Elsaïr; 94*u* © Jenny Jones; 97–99 Hugues Peuvergne; 101, 103*u* © Judy und David Drew; 114 R. Hébrard; 120, 123 Takano Landscape Planning; 124–27 Conservatoire international des Parcs et Jardins et du Paysage, Chaumont/Loire; 128 Walker, Johnson and Partners, photography by Dixi Carrillo; 129 Walker, Johnson and Partners, photography by Raymond Rajaonarivelo; 130–131 Hargreaves Associates; 134 Ecole nationale supérieure de la nature et du paysage de Blois, France; 135*u* Eric Ossart; 138*l* Patrick Blanc und Michel Mangematin; 138*r* Conservatoire international des Parcs et Jardins et du Paysage, Chaumont/Loire; 141*u* Barzi-Casares; 142 Conservatoire international des Parcs et Jardins et du Paysage, Chaumont/Loire; 143 Bernard Wolgensinger; 144–145 Hargreaves Associates; 147*o* Jacques Simon; 150–151 Keichi Tahara; 153*b*, 154 Jean Lautrey; 162–63, 164*l*, 165 © Vladimir Sitta; 169*m*, *o* Bernard Avignon; 170 Michael R. van Gessel; 174*o*, *l* Patrick Chappert-Gaujal; 177 Conservatoire international des Parcs et jardins et du Paysage, Chaumont/Loire.

Danksagung

Herzlichen Dank an Jean-Paul Pigeat, visionärer Gründer und inspirierender Geist des Chaumont Gartenfestivals und des Conservatoire; an das Team des Conservatoire in Paris und in Chaumont, besonders an Alain Renouf und Erwan Boudard; an das umtriebige Team von Thames and Hudson, wo Höflichkeit und Effizienz die Tagesordnung ist; an meinen Ehemann, der wie immer mein erster Lektor war. Besonderen Dank an Gilles Le Scanff und Joëlle Caroline Mayer, nicht nur für ihre brillanten Fotografien, sondern auch für ihre Hilfe, die einzelnen Künstler zu kontaktieren.

Und einen besonders herzlichen Dank an alle Künstler, Designer und Architekten, die so großzügig mit ihrer Zeit waren, wenn es darum ging, Informationen und Kommentare zu geben, auch wenn sie, wie Kathryn Gustafson und Gilles Clément, noch nie in Chaumont vertreten waren. Nur wenige waren in der glücklichen Lage, ein Buch zu schreiben und im Zuge dessen so viele Freunde zu gewinnen. Dafür bin ich im Besonderen dankbar.

Register

Kursiv gesetze Seitenziffern verweisen auf Abbildungen.